新图解财会系列丛书

图解
出纳实务

李旭 白羽◎编著

立信会计出版社
LIXIN ACCOUNTING PUBLISHING HOUSE

图书在版编目(CIP)数据

图解出纳实务/李旭,白羽编著. —上海:立信会计出版社,2017.7
(新图解财会系列丛书)
ISBN 978-7-5429-5454-1

Ⅰ.①图… Ⅱ.①李…②白… Ⅲ.①出纳—会计实务 Ⅳ.①F231.7

中国版本图书馆 CIP 数据核字(2017)第 097566 号

策划编辑	蔡伟莉
责任编辑	余 榕
封面设计	南房间

图解出纳实务

Tujie Chuna Shiwu

出版发行	立信会计出版社
地　　址	上海市中山西路 2230 号　邮政编码 200235
电　　话	(021)64411389　　传　真　(021)64411325
网　　址	www.lixinaph.com　电子邮箱　lxaph@sh163.net
网上书店	www.shlx.net　　　电　话　(021)64411071
经　　销	各地新华书店
印　　刷	上海天地海设计印刷有限公司
开　　本	710 毫米×960 毫米　　1/16
印　　张	14.5
字　　数	200 千字
版　　次	2017 年 7 月第 1 版
印　　次	2018 年 9 月第 2 次
印　　数	3 101—6 200
书　　号	ISBN 978-7-5429-5454-1/F
定　　价	35.00 元

如有印订差错,请与本社联系调换

无论是以营利为目的的公司和小企业,还是一些具有社会职能的非营利组织,都需要配备会计,以帮助其进行账务处理。足可见会计的应用范围很广,职业发展空间也很大。近些年来,越来越多的人致力于从事会计这份职业。

虽然更多的人选择会计这个专业,但是该专业理论性很强,入门并不轻松。因此对于一些想要涉足该领域的朋友而言,没有一个好的学习方法和正确的学习思路是很难顺利投身到该专业中。

图书是快速获取知识的捷径,对于一些立足理论讲解的传统会计教材而言,其更侧重于对一些艰涩难懂的会计专有名词或各种会计理论进行程式化概述,缺乏会计实务演示。可会计恰恰应该是实务与理论并重的,甚至在工作中实践的重要性要大于理论。

"新图解财会系列丛书"通过漫画、思维导图和逻辑构图、具体实例等内容,将枯燥乏味的知识点进行图解,让读者由实例引导的感性认知,到结合图例产生的深入的图像化理性接纳。图解,既是一种形式,更是一种学习知识的技巧和方式。

为了能让广大朋友可以接触更实用的会计知识,使传统会计理论的讲解更贴近读者,我们沿用了这种更贴地气的方式,将会计知识进行图解,并从不同的角度一一进行诠释。

多年前我们曾出版的一套"图解财会系列丛书"深受广大读者的青睐,得到市场一致的好评,但随着时间的流转,很多财会知识也都发生了变化,因此有必要重新编写一套"新图解财会系列丛书"。我们在原来的"图解财会系列丛书"的基

前 言
FOREWORD

础上，重新对内容进行了编写，并将会计按照不同专业进行更为细化的分类，如出纳、财务会计、报表会计、税务会计等，并针对不同专业单独成册，力求打造一套全方位的"新图解财会系列丛书"，以呈现给广大读者。我们也希望广大读者仍旧一如既往地支持"新图解财会系列丛书"，并欢迎各界朋友对该套丛书提出各种宝贵意见和建议，以便我们做得更好，能更好地为广大会计人提供服务。

编　者
2017 年 5 月

第1章 我是出纳，我为自己代言 1

- 1.1 出纳要做什么 2
- 1.2 出纳在财务部的角色与职责是什么 5
- 1.3 出纳的工作该如何下手 9
- 1.4 出纳的具体工作有哪些 11
- 1.5 出纳工作如何进行接交 14
  - 实训演练 1-1 小白接手出纳工作 18
  - 实训演练 1-2 小白接手出纳后的第二天 20
  - 实训演练 1-3 小白移交出纳工作 23
- 1.6 出纳该如何做职业规划 25

第2章 冰冻三尺非一日之寒
——出纳技能荟萃 29

- 2.1 出纳如何慧眼识金 30
- 2.2 残币！收还是不收 32
  - 实训演练 2-1 小白收到残币的处理方案 35
- 2.3 数钱不再手抽筋的点钞技巧是什么 36
  - 实训演练 2-2 手工点钞与机器点钞 38
- 2.4 出纳如何书写数字 40
- 2.5 辨别真假票据的方法是什么 43

第3章 我和"钱"的亲密接触 47

- 3.1 保险柜的钱从何而来 48
- 3.2 报销业务如何做 51

　　　　实训演练 3-1　行政部林玲报销招聘费 ·················· 55
　3.3　预支现金和借款报账是如何操作的 ·················· 57
　　　　实训演练 3-2　销售部黄姐借差旅费 ·················· 62
　　　　实训演练 3-3　销售部黄姐报销差旅费并冲减借款······ 64
　3.4　如何通过现金结算 ·················· 66
　　　　实训演练 3-4　小白开错收据了 ·················· 71
　3.5　收到的现金如何处置 ·················· 72
　　　　实训演练 3-5　小白收到零星货款 ·················· 75
　　　　实训演练 3-6　小白把当天收到的现金存进银行 ·················· 78
　3.6　现金盘点与账不符是什么原因 ·················· 80
　　　　实训演练 3-7　小白填写现金盘点表 ·················· 82

第 4 章　原来这就是"跑银行"
——银行账户的种类与转账结算 ·················· 84

　4.1　基本户到底有多重要 ·················· 85
　4.2　一般存款账户如何使用 ·················· 90
　　　　实训演练 4-1　公司办个一般户 ·················· 91
　4.3　临时存款账户与专用存款账户各有什么作用 ·················· 93
　4.4　银行账户的后续管理有哪些 ·················· 97
　4.5　银行预留印鉴如何管理 ·················· 100
　4.6　银行结算与现金结算的区别在哪里 ·················· 102

第 5 章　用票据说话
——出纳对票据的管理 ·················· 105

　5.1　支票到底如何使用 ·················· 106
　　　　实训演练 5-1　小白购买空白支票 ·················· 108
　5.2　取现金用什么支票 ·················· 111
　　　　实训演练 5-2　库存现金不足
　　　　　　　　　——小白填写现金支票 ·················· 118

5.3　转账支票可以取现金吗 …………………………………… 120
　　实训演练 5-3　小白填写转账支票 ……………………… 123
　　实训演练 5-4　小白填错支票 …………………………… 126
5.4　收到支票如何处理 ………………………………………… 128
　　实训演练 5-5　小白收到一张转账支票 ………………… 132
5.5　汇票结算为什么说很重要 ………………………………… 134
　　实训演练 5-6　小白申请银行汇票 ……………………… 141
　　实训演练 5-7　小白收到银行汇票 ……………………… 142
　　实训演练 5-8　汇票到期兑现 …………………………… 144
5.6　贴现可以让汇票提前变现 ………………………………… 147
5.7　汇票的背书是如何转让了兑付的权利的 ………………… 151
　　实训演练 5-9　小白用银行汇票支付货款 ……………… 154
　　实训演练 5-10　小白"背书"不清，写证明 …………… 158
5.8　本票是什么 ………………………………………………… 159
5.9　为什么说"互联网＋出纳"让出纳工作变得简单 ……… 161
　　实训演练 5-11　小白填写结算凭证 ……………………… 165
　　实训演练 5-12　小白进行网银转账 ……………………… 167
　　实训演练 5-13　小白登录网银去查询客户回款 ………… 169
5.10　发放工资由出纳负责 ……………………………………… 170
　　实训演练 5-14　小白发工资 ……………………………… 176

第6章　流水潺潺　清澈见底
——账簿的登记与管理　181

6.1　出纳为什么要做好流水账 ………………………………… 182
6.2　现金日记账如何填写 ……………………………………… 184
　　实训演练 6-1　小白进行现金日记账登记 ……………… 189
　　实训演练 6-2　小白发现账簿登错了 …………………… 194
　　实训演练 6-3　小白账簿漏登了一行 …………………… 194
　　实训演练 6-4　小白账簿漏登了一页 …………………… 195

实训演练 6-5　小白的 Excel 日记账 ………………… 196
6.3　什么是银行存款日记账 ………………………………… 198
　　　实训演练 6-6　小白进行银行存款日记账的登记 …… 199
6.4　月底出纳要做什么 ……………………………………… 202
　　　实训演练 6-7　小白与会计对账 ………………………… 204
　　　实训演练 6-8　月结，小白在账簿上划红线 ………… 205
　　　实训演练 6-9　年结，小白在账簿上划红线 ………… 206
6.5　与银行对账单对账有什么意义 ………………………… 207
　　　实训演练 6-10　小白收到银行对账单 ………………… 210
　　　实训演练 6-11　小白办理网上对账 …………………… 211
　　　实训演练 6-12　小白进行网上对账 …………………… 213
6.6　出纳报告单是什么样的 ………………………………… 215
　　　实训演练 6-13　小白做日报 …………………………… 217
　　　实训演练 6-14　小白做周报 …………………………… 218
　　　实训演练 6-15　小白做月报 …………………………… 220

第1章

我是出纳,我为自己代言

1.1 出纳要做什么

在生活中,我很前卫。在工作中呢?我也是"钱"卫,无论是管现金,还是管银行存款。总之,我就是管钱卫士,简称"钱"卫。

朋友们或许要问了,为什么叫我们"出纳"而不叫"纳出"呢?嗯,这就验证了那句话——有付"出"才会有收("纳")获。

出纳人生的两种态度如图 1-1 所示。

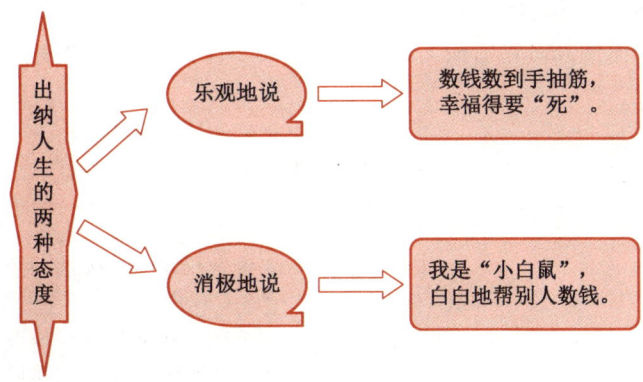

图 1-1　出纳人生的两种态度

> **小白如是说**
>
> 　　时至今日都是我咎由自取，银行存款余额调节表不平就是不平，与任何人无关。我的出纳水平不配得到原谅，我常常填错的支票、付错的现金也难以弥补，但我想弥补，必须去弥补，这是我今后的生活。至于我自己，愿日后再不会对不起公司领导，尤其是我的会计。学出纳虽易，做出纳真难，且行且干吧（且行且体）。
>
> 　　若亲是出纳的粉丝，想必是极好的哦，倒也不负恩泽；若亲是出纳的终极粉丝，那就再好不过了哦（甄嬛体）。

　　有时候我们也称呼出纳为"跑银行"的。他们不是在去银行的路上，就是准备去银行。优秀新出纳标准是：数得过点钞机子，验得了钱币票据，办得了银行结算，跑得了工商税务，精通得办公软件，玩转得用友金蝶，敲得了算盘子，打得了键盘子，耐得住急性子，管得住嘴巴子。

　　出纳是按照有关规定和制度，办理本单位的现金收付、银行结算及有关账务，保管库存现金、有价证券、财务印章及有关票据等工作的总称。

我们可以将"出纳"两个字拆开来看,"出"就是支出,"纳"就是收入。我们平时说的出纳一般是指出纳人员及其工作。现在一般指的出纳人员和出纳工作,就是按表1-1中的出纳的狭义概念来讲解了。

表1-1　　　　　　　　　　出纳的具体内涵

定　义	分　类		解　释
出——支出;纳——收入;出纳——货币资金的收入和支出。	出纳人员	广义	是指会计部门的出纳工作人员及业务部门的各类收款员、收银员、专职或兼职的工资发放员。
		狭义	仅指会计部门的出纳人员。
	出纳工作		是企业、机关、事业等单位的票据和货币、有价证券等的收付、保管、核算工作的总称。
		广义	只要是票据、货币资金和有价证券的收付、保管、核算,都属于出纳工作。它既包括单位会计部门专设出纳机构的各项票据、货币资金、有价证券收付业务的处理、整理和保管,货币资金、有价证券的核算等工作,也包括各单位业务部门的货币资金收付、保管等方面的工作。
		狭义	仅指各单位会计部门专设的出纳岗位人员的各项工作。
	出纳学		是指出纳人员的教育与培训的学科。

国家机关、国有企业及事业单位应根据相关的制度、法规规定,在选择和任用财务人员的时候要遵循回避制度(见图1-2)。

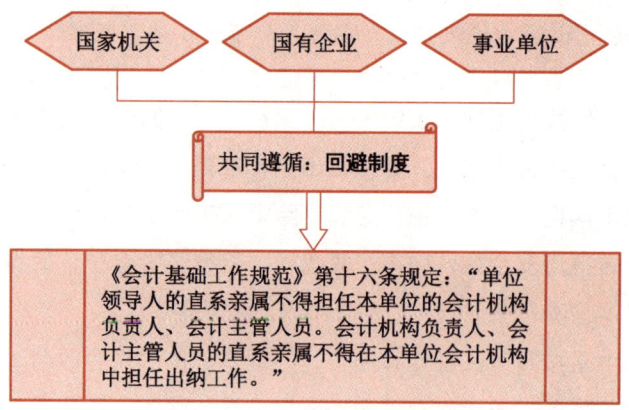

图1-2　财务共同回避制度

回避制度的制定是出于对国有资产的保护和监管。对于一些小的私营公司，用自己人做出纳、来管钱的事情也是较为普遍；有时，出纳不仅仅是出纳，而且还可能是公司的老板娘哦！

1.2　出纳在财务部的角色与职责是什么

一般公司会有出纳室，防盗门、报警器、保险柜、监视器等一应俱全。这足可见出纳室的重要性。可以说，出纳室可以比喻为公司范围内的"银行"。

在小企业里，一般而言，出纳的地位比会计高，不要看出纳的工作比会计简单，薪资也比会计的低，但实际上出纳的权限要比会计大，出纳是最后实际操作付款的岗位（见图1-3）。

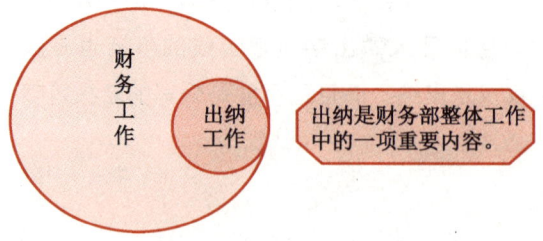

图 1-3　财务工作与出纳工作的关系

因此，出纳工作的重要性不可小觑。我们可以从图 1-4 知悉，出纳在财务部中的位置。

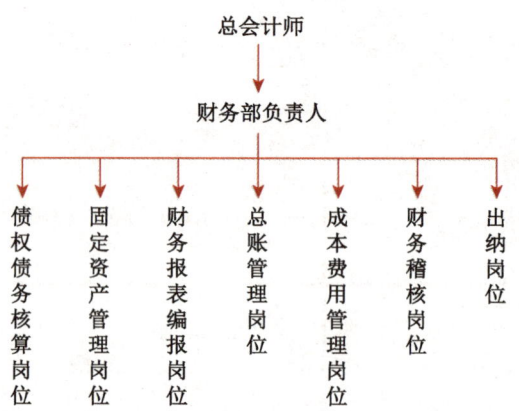

图 1-4　财务部岗位设置一览

由此可见，出纳是财务部中的一员，而且是必不可少的一员。这是因为"钱账分管"的原则，必然促使一家公司要设立出纳岗位；否则，记账与管钱均由一人胜任，势必会给公司带来各种隐患（见图 1-5）。

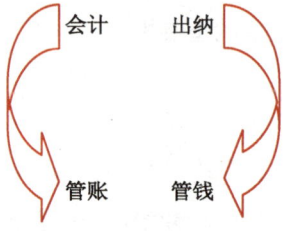

图1-5　会计与出纳的区别

从广义上讲，会计包括了出纳和狭义上的会计；从狭义上讲，会计是相对出纳以外的会计核算人员。

会计和出纳其实只是习惯性的叫法。会计与出纳是一个统一体下的两个方面，既相互联系，又相互制约、相互监督（见图1-6）。

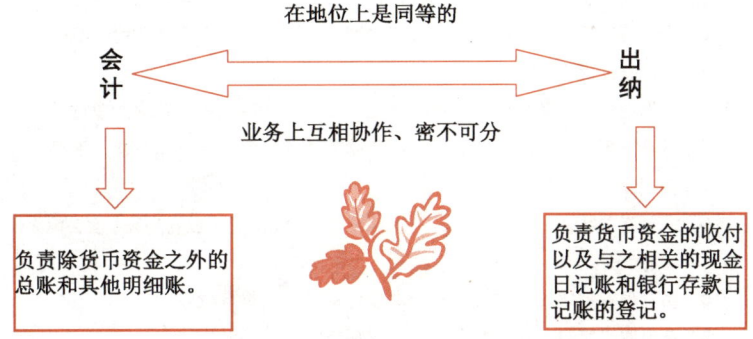

图1-6　会计与出纳的地位

《会计基础工作规范》第十二条规定："会计工作岗位，可以一人一岗、一人多岗或者一岗多人。但出纳人员不得兼管稽核、会计档案保管和收入、费用、债权债务账目的登记工作。"

小白如是说

"宛家大院进进出出的所有账目，无论生意收支，柴米油盐，还是赶集上会，各项杂事，经他打理总能日清月结，一目了然，所记诸项条条分明，件件清楚，深得宛建铭的信任。"小说《红玉镯》中的宛书铭就是一个好出纳，因为他知道了他的职责，并且很好地履行了。

出纳职责就是为更好地完成出纳本"职"工作，以及完成这些工作所需承担的"责"任（见图1-7）。

这些职责会因公司的性质、业务特点以及时代的变化而悄然发生变化，但大体上出纳是围绕着这些工作来做的（见图1-8）。

如果再高度概括一下的话，出纳核心工作就是围绕着"钱"！

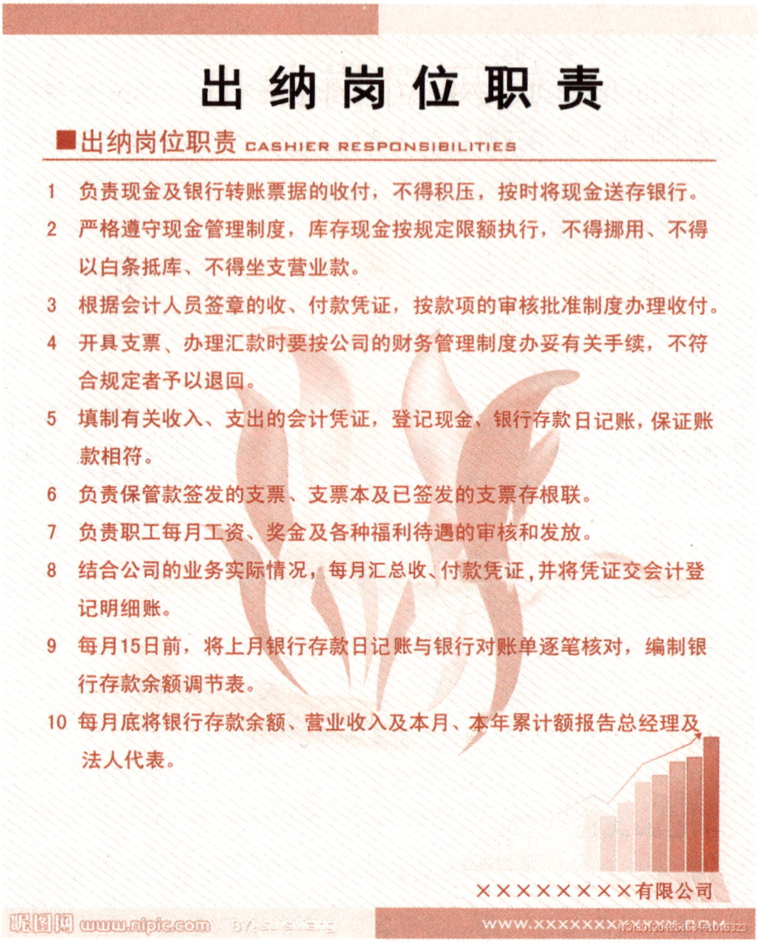

出纳岗位职责

出纳岗位职责 CASHIER RESPONSIBILITIES

1. 负责现金及银行转账票据的收付，不得积压，按时将现金送存银行。
2. 严格遵守现金管理制度，库存现金按规定限额执行，不得挪用、不得以白条抵库、不得坐支营业款。
3. 根据会计人员签章的收、付款凭证，按款项的审核批准制度办理收付。
4. 开具支票、办理汇款时要按公司的财务管理制度办妥有关手续，不符合规定者予以退回。
5. 填制有关收入、支出的会计凭证，登记现金、银行存款日记账，保证账款相符。
6. 负责保管款签发的支票、支票本及已签发的支票存根联。
7. 负责职工每月工资、奖金及各种福利待遇的审核和发放。
8. 结合公司的业务实际情况，每月汇总收、付款凭证，并将凭证交会计登记明细账。
9. 每月15日前，将上月银行存款日记账与银行对账单逐笔核对，编制银行存款余额调节表。
10. 每月底将银行存款余额、营业收入及本月、本年累计额报告总经理及法人代表。

××××××××有限公司

图 1-7　出纳的职责

图 1-8　出纳核心工作

赤裸裸地提到钱，是不是觉得出纳是个很俗气的工作？实际上并非如此哦！出纳替公司管钱，管的是两处钱（见图1-9）。

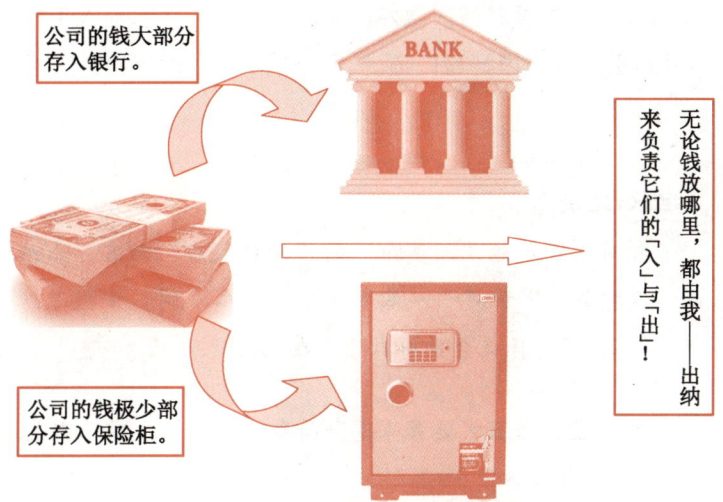

图1-9 公司资金的流转示意图

1.3 出纳的工作该如何下手

厨师学艺，先看菜谱。做好出纳，同样也需从基础入手！俗话说："外行看热闹，内行看门道。"做出纳虽易，做好出纳不易，且做且珍惜吧。

> **小白如是说**
>
> 相对于贺龙能"闹革命"的"两把菜刀"而言，出纳的"两把菜刀"就是——基本要求、基本准则。掌握了这两个"基本"，你就会觉得自己是在玩出纳了。

好出纳需要具备五大要素来提升自身的实力（见图1-10）。

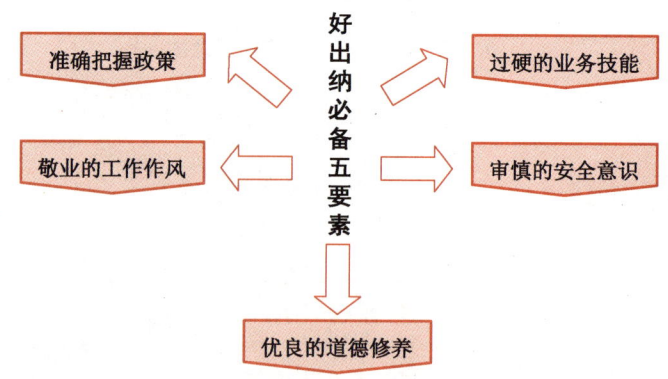

图1-10　好出纳必备五要素

先说说"出"。宋代周敦颐《爱莲说》中有这么一句："予独爱莲之出淤泥而不染，濯清涟而不妖。"虽说出纳"常在河边走，哪能不湿鞋"，在工作中虽然做不了人见人爱的"莲"，但也要像莲花一样"出"淤泥而不染，这是出纳必须具备的。

再说说"纳"。"海纳百川，有容乃大。"这句话只是做事的态度，但是出纳还是得坚持自己的原则，不能像大海一样，什么都"纳"入。

除此之外，出纳还应特别注意两点：胜过圣人、冷酷到底（见图1-11）。

胜过圣人

"常在河边走"也可"不湿鞋"——清正廉洁就是秘方。出纳掌握企业的现金和银行存款,"圣人之所以没有被诱惑所击倒,那只是诱惑的筹码不够而已!"如果筹码足够,圣人也会被诱惑所击倒。圣人"过而能改,善莫大焉";出纳要比圣人还圣人,让"过"在发生前就"夭折"或不让"过"发生。

做人有原则,做事更要有原则。出纳的工作往往是在最后,肩负着重任,只有坚持原则,甚至有时需要牺牲局部与个人利益。这些都是出纳应该坚持和必须做好的。

冷酷到底

图 1-11 出纳的必备素质

1.4 出纳的具体工作有哪些

出纳室确实如小白所说，门窗都监管森严！除此之外，因为出纳工作涉及现金，很多公司在出纳室会安装摄像头。

职场中激烈的"百战"，你只有"知己知彼"才能"不殆"，最后才会轻松上阵。非宁静无以致远，了解了会计与出纳的联系与不同，出纳就要静下心来想想自己该怎么做了。

对于大公司而言，出纳还可以细分银行出纳和现金出纳。也就是说，大公司将出纳的两大基础工作一分为二。但是多数公司都采用一个出纳，对现金、银行存款进行统一管理。

那么出纳具体工作有哪些呢？出纳的六大核心工作如图1-12所示。

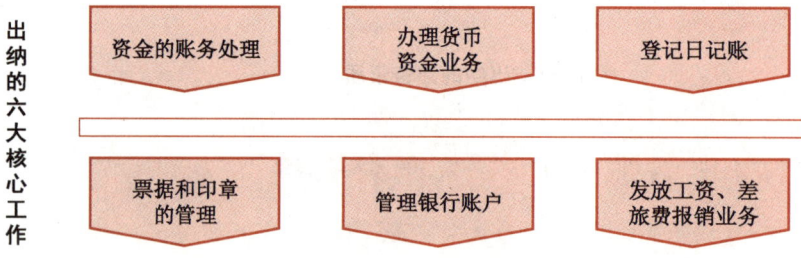

图1-12　出纳的六大核心工作

> **小白如是说**
>
> 在这里分享一下《别拿工作不当回事儿（白金版）》的一句话吧："只有我们真正把自己的工作当回事儿，才能以正确的态度对待工作，才能全身心地投入，从而享受工作带来的乐趣，使自己不断地走向卓越。"

一个好汉三个帮，出纳工作也需要很多设备来辅助（见图1-13）。这样可以提高出纳工作的效率，更重要的是，可以提高其工作的安全性。

密码支付器是近几年被各大银行所采用的新设备。对于保障公司资金安全有很大帮助。该设备在银行开通相关业务后，出纳可以去领取，签发票据时对票据上各要素综合进行加密运算产生支付密

保险柜	公司贵重物品都会放在这里，包括现金、支票、汇票、单位结算卡、财务章或法人章以及其他各类重要票据。保险柜像我们出纳最忠诚的"护家犬"。
支票打印机	专门代替人工填写现金支票和转账支票的打印机，防止因不规范填写造成的银行退票，有效避免涂改支票等金融犯罪。当然也有很多公司没有该设备，我们出纳就需要手工填写。
点钞机	是一种点钞工具，同时很多点钞机也有鉴别真伪币的功能。该设备是我们出纳工作中离不开的好助手！
密码支付器	一种可与银行的计算机网络结合，构成一种支付密码系统的支付密码器，可极大地提高银行的业务处理能力和安全性。

图 1-13 出纳的辅助设备

码，或者银行在票据发行时配套以密码信封方式打印的对应票据号的支付密码，企业在签发票据时将票据对应的支付密码填写在票据上，作为票据真伪的主要鉴定手段或印鉴的辅助鉴定手段。

除此之外，出纳接触的工具还包括计算器、碎纸机等。

至于出纳一天的工作，还是十分"充实"，且十分忙碌的。出纳的具体工作包括以下内容：

(1) 第一时间盘点库存和贵重物品。

(2) 向会计主管请示资金安排计划。

(3) 列出当天应当处理的事项。

(4) 按顺序办理各项收、付款业务。

(5) 根据收款、付款、转账凭证登记现金、银行存款日记账,并结出当日余额。

(6) 下班前清点库存现金,将其与现金日记账余额进行核对。

(7) 将对账单与银行存款日记账进行逐笔核对。

(8) 将多余现金存入银行。

(9) 编制当天的现金、银行存款日报表,并报送主管。

当然这些工作都是出纳工作的必要事项,此外还有很多诸如申请汇票、发放工资、办理备用金等出纳工作。朋友们不必着急,这些内容在后面的章节都会涉及。我们逐一攻克!

1.5 出纳工作如何进行接交

在实际工作中,和小白一样的经历时有发生。尤其是一些重要的东西,必须当面交接。这就好比现在快递小哥递送快件,收件人必须签收一样。

> **小白如是说**
> 做财务工作,势必要接触诸多重要文件、发票、印章等,过程传递就显得尤为重要。出纳工作多数都会面临工作移交的情况。这既是相关票据、印章、密码器等物品的移交,更是责任的移交。

好比接力赛,一个交出,一个接上,然后继续,交接只是遵循游戏规则罢了。出纳交接就是因出纳岗位调动或离职等原因离开工作的时候,要把工作移交出来给新上岗的出纳接手。这既是出纳对工作应尽的职责,也是分清移交人员和接管人员责任的重要措施。无论出纳入职还是离职,都会遇到此类问题。所以,交接工作不能打马虎眼!

出纳交接的主要物品如图1-14所示。

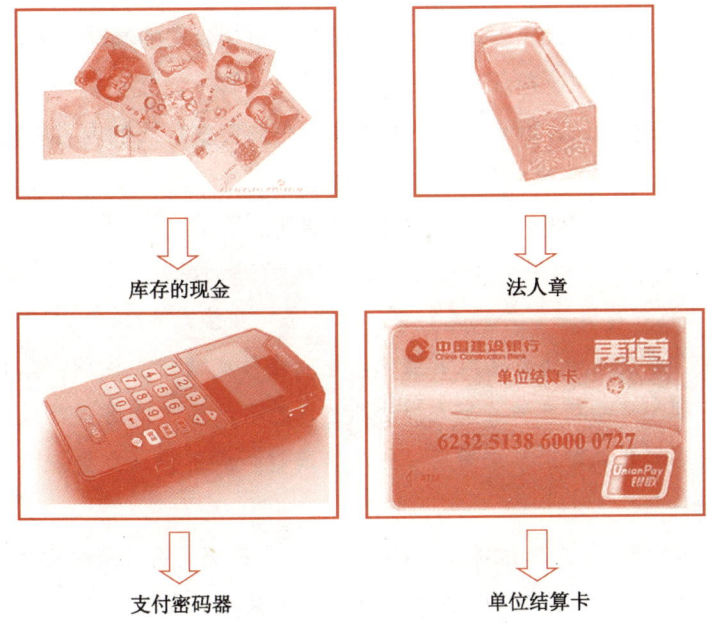

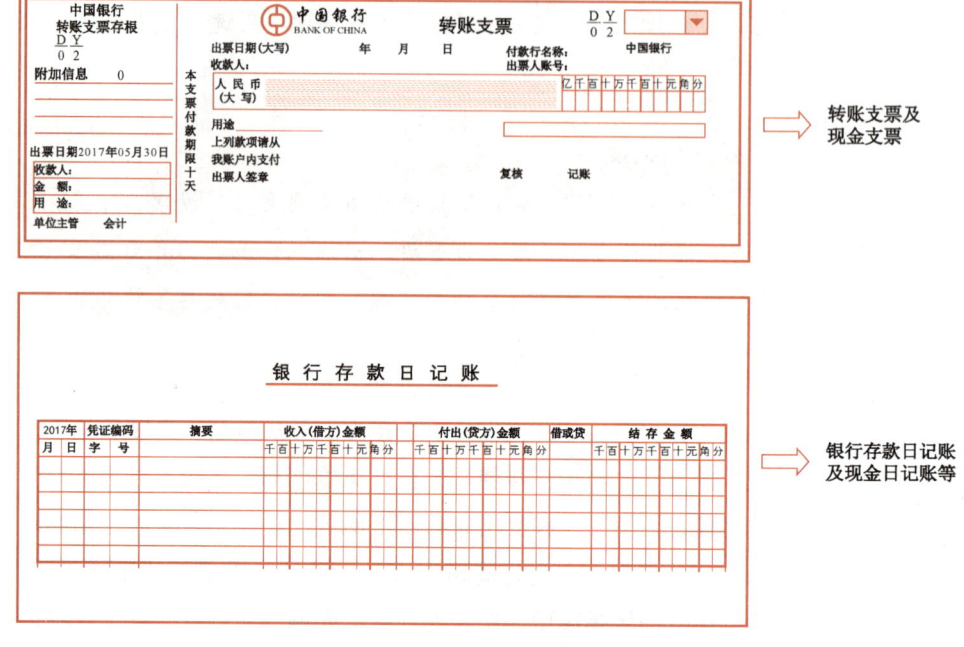

图 1-14　出纳交接的主要物品

除了上述这些物品需要交接之外，还有诸如有价证券、相关会计资料、银行对账单等内容，具体哪些要根据公司的情况而定。

想必大家对于前任出纳交接的东西一头雾水，并不知晓这些到底是用来做什么，但是大家不要着急，小白会在后面的内容中将这些东西一一讲解。

出纳交接完毕后必须要填写交接清册。

《会计基础工作规范》第三十一条　交接完毕后，交接双方和监交人员要在移交清册上签名或者盖章。并应在移交清册上注明：单位名称，交接日期，交接双方和监交人员的职务、姓名，移交清册页数以及需要说明的问题和意见等。移交清册一般应当填制一式三份，交接双方各执一份，存档一份。

《会计基础工作规范》第三十五条　移交人员对所移交的会计凭证、会计账簿、会计报表和其他有关资料的合法性、真实性承担法律责任。

出纳工作的移交，同时也意味着责任的移交。如果接手人在交接时因疏忽（也有些是因出纳为新手，不懂出纳业务）没有发现所接出纳资料在合法性、真实性方面的问题，如事后发现，也应由原移交人负责，原移交人不应以财务资料已经交接而推卸责任；如果所发现的出纳资料真实性、合法性方面的问题不在原移交人的经办期间发生，而是在其后，则责任不应由原移交人承担，而应由接手人承担。

接手人一定要认真按照移交人编写的移交清册逐项点收，有什么不清楚的一定要问仔细了，在交接中还要了解在交接后自己的工作是什么。

交接时除逐项核对点收外，接手人还要做到仔细认真、积极听取移交人的建议，虚心学习移交人好的思想作风及经验。

> **小白如是说**
>
> 　　白岩松对于幸福曾说过一句话："不管什么样的世界，当你要离开的时候都要交给下一代人。"这句话虽然有点忧伤的味道，但也说出了移交人的责任。作为移交人，交出去的出纳资料及工作必须清清楚楚、明明白白，不得拖泥带水。

> 《会计基础工作规范》第二十七条　会计人员办理移交手续前，必须及时做好以下工作：
>
> （一）已经受理的经济业务尚未填制会计凭证的，应当填制完毕。
>
> （二）尚未登记的账目，应当登记完毕，并在最后一笔余额后加盖经办人员印章。
>
> （三）整理应该移交的各项资料，对未了事项写出书面材料。
>
> （四）编制移交清册，列明应当移交的会计凭证、会计账簿、会计报表、印章、现金、有价证券、支票簿、发票、文件、其他会计资料和物品等内容；实行会计电算化的单位，从事该项工作的移交人员还应当在移交清册中列明会计软件及密码、会计软件数据磁盘（磁带等）及有关资料、实物等内容。

实训演练 1-1　小白接手出纳工作

白小白的第一份工作就是出纳，回想起第一次面临出纳交接时，自己还未取得会计资格证，根本不知道交接是怎么一回事。原出纳把现金、日记账、银行资料、票据等交到她手上之后，附上一份《出纳移交清单》(见图 1-15)。小白按照该清单内容开始逐一核对。

出纳移交清单

一、货币资金

库存现金：人民币捌佰捌拾捌元捌角捌分（￥888.88）。

银行存款：人民币壹拾万零捌佰捌拾捌元捌角捌分（￥100 888.88）。

经核实，所有实盘数与账面数相符。

二、资料

现金支票壹拾叁份，票号为：00000038-00000050。

转账支票贰份，票号为：00000049-00000050。

现金日记账贰本（2013 年、2014 年各壹本）。

银行存款日记账贰本（2013 年、2014 年各壹本）。

空白收据、进账单等空白票据。

三、其他

网银 U 盾壹个、保险柜壹个、保险柜钥匙贰把，办公台钥匙壹把，办公室钥匙壹把。

本移交清单一式三份，移交双方各执一份，档案室留存一份。

移交人：　　　　　接收人：　　　　　监交人：

图 1-15　出纳移交清单

移交工作很简单，不涉及"白条抵库""小金库"现象，所以白小白核对的步骤为：

(1) 盘点库存现金：移交人已经整理好了，小白清点了一下（很方便，有验钞机），888.88 元，与现金日记账最后登记的一笔数的余额是对得上的。

(2) 银行存款：登录了网银，密码也移交了，当然，这个密码是不写在《出纳移交清单》上的。因为《出纳移交清单》档案室还得留存。小白查询了一下余额，与账面数相符。

余下的资料小白也逐一进行了清点（见图 1-16 至图 1-18）。

中国银行
现金支票存根
X Ⅳ 00000006
附加信息

出票日期　年　月　日

收款人：
金　额：
用　途：

单位主管　会计

本支票付款期限十天

中国银行现金支票　X Ⅳ 00000006

出票日期(大写)　年　月　日　付款行名称：江北支行
收款人：　出票人账号：020102019083898

人民币（大写）	亿	千	百	十	万	千	百	十	元	角	分

用途＿＿＿
上列款项请从
我账户内支付
出票人签章　复核　记账

图 1-16　现金支票

中国银行
转账支票存根
X Ⅳ 00000003
附加信息

出票日期　年　月　日

收款人：
金　额：
用　途：

单位主管　会计

本支票付款期限十天

中国银行转账支票　X Ⅳ 00000003

出票日期(大写)　年　月　日　付款行名称：江北支行
收款人：　出票人账号：020102019083898

人民币（大写）	亿	千	百	十	万	千	百	十	元	角	分

用途＿＿＿
上列款项请从
我账户内支付
出票人签章　复核　记账

图 1-17　转账支票

```
┌─────────────────────────────────────────────────┐
│              收 款 收 据                         │
│  收款日期:                                       │
│  ┌──────────┬─────────────────────────────────┐ │
│  │ 缴款单位  │                                 │ │
│  ├──────────┼──────────────────┬──────────────┤ │
│  │ 款项内容  │                  │ 收款方式     │ │
│  ├──────────┼──────────────────┼──────────────┤ │
│  │ 人民币大写│                  │ ¥            │ │
│  ├──────────┼──────────────────┼──────────────┤ │
│  │ 收款人盖章│                  │ 备注         │ │
│  └──────────┴──────────────────┴──────────────┘ │
└─────────────────────────────────────────────────┘
```

图 1-18　收款收据

清点完毕后，前任出纳在原来的账本的最后一笔及在账簿的扉页签了章。

最后，移交人、接收人、监交人都在移交清单上签了名（见图 1-19）。

| 移交人：陈晨曦 | 接收人：白小白 | 监交人：程海峰 |

图 1-19　移交清单上的签名

实训演练 1-2　小白接手出纳后的第二天

接手第二天，白小白已经把前任出纳留下来的东西看了一遍，记录了一些自己将要注意的地方。当务之急就是去银行更换出纳的信息（当然，有些出纳还兼做办税员的工作，还得到税务局更改信息，这个根据公司实际情况了）。

这个公司只是变更网银操作员（出纳为网银操作员），由于银行印鉴只有公司财务章和法人章，所以无须变更。因为银行留存有一些公司的印鉴和出纳的名章。

变更网银操作员很简单，白小白直接在对公窗口和柜员说要变更网银操作员，然后柜员给了她一张表——《中国农业银行网上银行企业客户登记表》（见图 1-20）。

该表需要填写的内容涉及单位的基本信息资料，出纳即使不会填，也可参照表格最后的"填表说明"（见图1-21）。

基本信息	企业全称		企业简称	
	工商登记号		法人代表姓名	
	企业类型		注册资本	
	联系电话		传真电话	
	电子邮件		邮　　编	

	姓　名	角　色	证件类型	证件号码
操作员基本信息				

图1-20　网上银行企业客户登记表

填表说明：
一、表头中登记表类型请填写：1.注册；2.信息变更；3.撤销注册；4.补办证书；5.作废证书。
二、登记表中的证件名称、证件类型包括：身份证、军人证、警官证、户口簿、护照和临时证件。
三、操作员基本信息设置栏中：操作员姓名不要重复；角色列填写：1.管理员；2.操作员。
四、客户账户信息栏中请加盖你单位账户在开户行的预留印鉴。
五、请持登记表、营业执照、法人代码证书、法人授权委托书、注册经办人的有效身份证件和表内所填操作员的有效身份证件到你单位的开户行办理注册手续。
六、注册账户超过4个时请在第三页续填。

图1-21　填表说明

填好表后,白小白在"账户预留印鉴"处盖上公司在银行预留的印鉴,如在图1-22加盖银行预留印鉴。

户　名	开户行	账　号	币　种

账户预留印鉴:

图1-22　加盖银行预留印鉴

公司资质,如营业执照、组织机构代码证、税务登记证,经办人身份证原件、复印件等资料,白小白都准备好了,当然,复印件上要写"复印件与原件相符"并加盖了单位公章。此外,白小白还准备了一份《法人授权委托书》。

对公业务的柜员详细核对了原件、复印件,退回了原件和一些复印件。每家银行的要求不一样,这家银行只要正本的复印件。最后,该柜员给了白小白一份空白的《法人授权委托书》(见图1-23)。

法人授权委托书

中国农业银行北海分行:

　　兹授权我公司员工_____(身份证号:_____)
到贵行办理_____业务。
授权日期:_____
单位预留印鉴:

　　　　　　　　　　　　　　　　　　　　授权人(单位盖章):
　　　　　　　　　　　　　　　　　　　　日　期:

图1-23　法人授权委托书

全部做好后，该银行对公业务的柜员收回了原出纳的《结算证》，"白小白，名字很特别哦！"随即他给白小白换了一本新的《结算证》，并告知："变更网银操作员会在 3 个工作日内办好，到时候拿着身份证、《结算证》和原操作员 U 盾到银行办理就可以了。"

……

几天后的办理很简单的，拿着证件、U 盾到了银行，剩下的主要是银行操作，这时，白小白只需要"等"。

实训演练 1-3　小白移交出纳工作

机遇是留给有经验的人，更是留给准备好了的人。何况白小白两者具备。仅仅在这个出纳岗 2 个来月时间，白小白就顺利地填补了销售会计的空缺，这下，白小白从 2 个月前的"接手人"变成了"移交人"。

由于是月底，白小白跟会计核对好了最后的余额，银行的账也对得上了，并借交接的机会把网上银行的账也给对了。白小白接手的个把来月时间，出纳业务说多也不多，新开了个银行一般户，正好遇到跨年，所以账本多了些。

在账本的最后余额栏及账簿扉页的移交人那里，白小白盖上自己的名章。

整理好要移交的资料后，白小白列出了移交清单（见图 1-24）。

虽然出纳交接是最简单的，但知道新来的出纳刚从学校毕业，白小白放慢了交接的速度。

第一步，先交接现金。白小白打开了现金日记账，并把会计打印出来的库存现金明细账也放在了一起，金额是对得上的。而后拿出了 334 元的毛票给新出纳数。

第二步，核对银行余额。白小白顺便交接了 U 盾及密码（见图 1-25）。登录网银的步骤白小白都写在了她的出纳笔记上。新来的出纳查询了余额，跟银行存款日记账是相符的，随即在网上银行进行了电子对账。

出纳移交清单

一、货币资金

库存现金：人民币叁佰叁拾叁元叁角叁分（￥333.33）。

银行存款：人民币壹拾万零叁佰叁拾叁元叁角叁分（￥100 333.33）。

经核实，所有实盘数与账面数相符。

二、资料

基本户农行现金支票贰拾叁份，票号为：00000228-00000250。

基本户农行转账支票壹拾贰份，票号为：00000139-00000150。

现金日记账叁本（基本户：2013年、2014年、2015年各壹本）（含电子版）。

银行存款日记账肆本（基本户：2013年、2014年、2015年各壹本；一般户：2015年壹本）（含电子版）。

空白收据、进账单等空白票据（含打印模块）。

三、其他

基本户农行网银U盾壹个、一般户工行网银U盾壹个、保险柜壹个、钥匙肆把。

本移交清单一式三份，移交双方各执一份，档案室留存一份。

移交人：　　　　　　接收人：　　　　　　监交人：

图 1-24　出纳移交清单

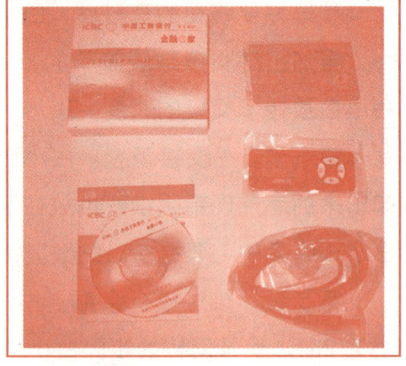

图 1-25　U 盾

第三步，交接资料。按照移交清单的顺序，白小白耐心地对新来的出纳进行讲解。

第四步，交接出纳笔记。最后交接的是白小白2个多月来的出纳笔记，上面有所有出纳业务的流程及联系人等。白小白估计新来的出纳听得云里雾里的，因为她第一次接手出纳工作时也是糊里糊涂的。

十来分钟的交接全程在会计主管的监控之下。双方签完字、盖完章后，白小白轻松不起来，她似乎想象到了接下来的日子，"交"是结束了，但"教"还会继续，直到新来的出纳完全"接"上手她才能彻底摆脱出纳工作。

1.6 出纳该如何做职业规划

好的开始就是成功的一半。在开始之前,要做好自己的职业规划,也就是定好自己的目标。

> **小白如是说**
>
> "先就业,再择业。"打开了出纳这扇门,就得看看自己能不能在这间屋待得下去,就得看自己在这个行业会有什么发展。如果都说服了自己,应得做一行爱一行了,可以对自己的职业定一个目标、做一个规划——虽然往往计划赶不上变化,并且努力朝这个方向发展。

大多数出纳都是这样子做的规划:矢志不渝地走财务路线(见图 1-26)。

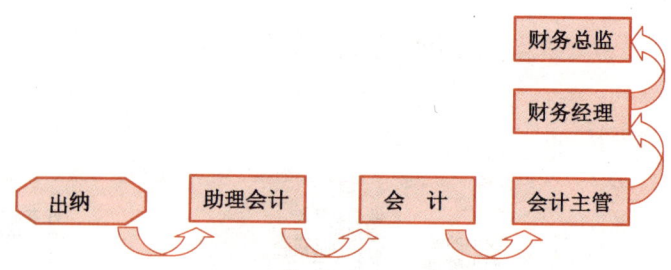

图 1-26　出纳的晋升之路

有少部分出纳走创业的路线(见图 1-27)。

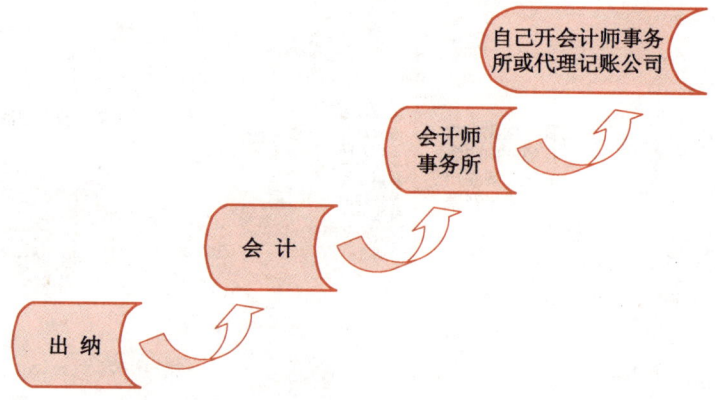

图 1-27　出纳的创业之路

还有一部分出纳在财务领域内深耕细作,最终走培训的路线(见图1-28)。

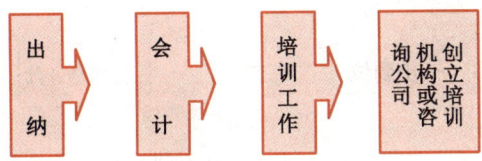

图1-28　出纳的培训之路

虽然,出纳也有很多"曾经是会计"的,也有"把出纳工作进行到底"的,但"不做会计"这四个字是不会出现在出纳的财务规划里的。

不管你是如何规划了自己的未来之路,作为出纳,首先得扎实自己的基本功,其次再做其他工作。会计是一份做到老、学到老的职业,这从每年的继续教育就能看出来,如果你一直与财务有"瓜葛",你就必须不断地学习新的财会法规,更新知识结构和内容。

不得不说,会计是门做到老、学到老的职业,在校,你必须学会相关的基础课程(见图1-29)。

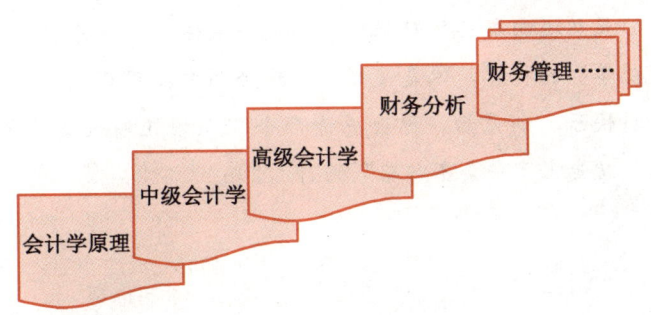

图1-29　会计的基础课程

走入职场后,除了每年的会计继续教育,你还得参加不同层级的考试(见图1-30)。

到最后,会计的命运就是伴随着各种职业病(见图1-31)。

会计就是一份"边做边考"的职业,其职业规划也是伴随着你的考证而同步进行的。可以说,考证的过程也是职业规划的过程,

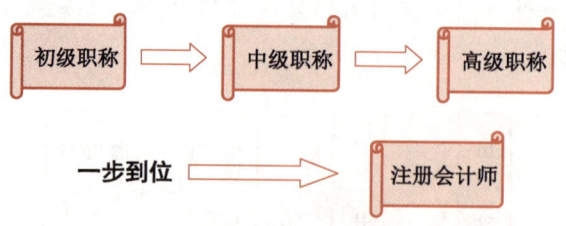

图 1-30 会计的考试之路

图 1-31 会计的职业病

比如过去有注册税务师、资产评估师等，这些也从一个侧面引导你去做职业规划，或者在会计的某一领域去深入。所以，出纳之路任重而道远！

小白如是说

　　虽然迈向成功的路很艰辛、也许要做好"我想我会一直孤单"的打算，但是慢慢地，你会明白：不断学习也是一种快乐。到最后，你会感谢那个"屁颠屁颠地凑热闹，从此就走上了一条不归路"的自己。

第 2 章

冰冻三尺非一日之寒
——出纳技能荟萃

2.1　出纳如何慧眼识金

出纳收到假币会是件十分不光彩的事情。小白对此的确负有不可推卸的责任。很可能她要为自己的工作失误埋单。

出纳是经常要与钱打交道的,因此识别假币是必备技能,即使不通过验钞机,对于假币也能够有较为精确的辨识。

不知道喜欢用五笔字型输入法打字的朋友发现没有,"人民币"和"假币"都是"wntm",足可见假币与真币真是李鬼和李逵,如此近似。

小白如是说

那英的《雾里看花》中的那句"借我借我一双慧眼吧",想把这些纷纷扰扰的世界看个清清楚楚明明白白;出纳应该也想借那么一双慧眼吧,怕收到假币、假票呀。不得不承认,现在的技术发达了,造假的技术也越来越高明,以至于假的跟真的一样了。"假的跟真的一样"说的就是这样。出纳、会计要呐喊了、要咆哮了——"不做假账!""不收假币!"最后还是以无奈结局——"防不胜防啊!"

央行迄今为止已经发行过五套人民币了,2015年版第五套人民币100元纸币也已发行,防伪技术也改进了不少。识别人民币纸币真伪,通常采用"一看、二摸、三听、四测"的方法(见图2-1)。

一般人收到假币只能吃哑巴亏了,出纳如果收到了假币会怎么处理呢?你会想方设法地花掉?经常到银行,你也许会注意窗口的"制止假币,人人有责"八个字吧。所以,你还是按书本上的来,不要让假币流通,也不要让自己成为下一个"吃哑巴亏"的。一般而言,出纳接触的钱币较多,一旦发现假币后应该上缴银行;如果发现有人持有少量假币,应该劝其上缴;如果发现他人持有较多假币或有参与制贩假币嫌疑的,应当立即向公安机关报告。

出纳是没有没收假币的权力的。只有中国人民银行、公安机关和经中国人民银行授权的银行的业务机构才具有没收假币的权力。

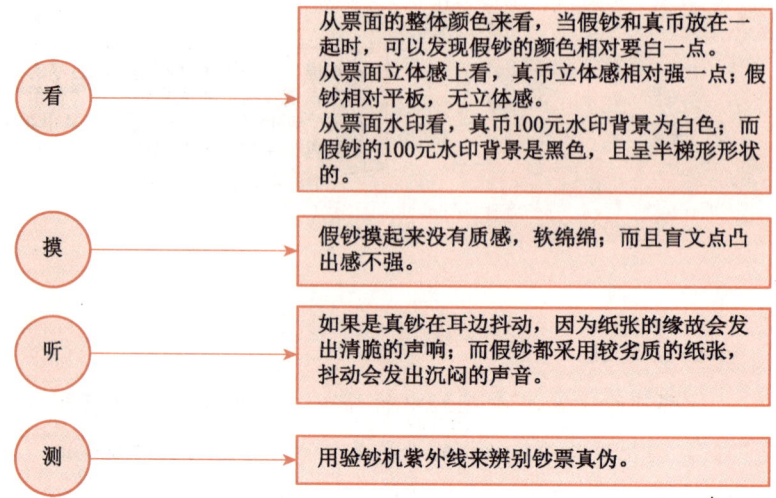

图 2-1 假币识别方法

2.2 残币！收还是不收

善良的小白觉得自己工作原因，经常去银行，所以接收了这张褶皱又破损的十元钱。但是，当她到了银行，她才发现事情并没有像她想象的那样简单。残币过于褶皱，而且图案不清楚，破损面积超过票面的1/5，这使得银行无法对该残币进行全额兑换。小白损失了5元钱，只能说明她对业务掌握得还不够精通。

残币的四种情况：
- 纸钞缺角，票面破损
- 乱写、乱画面积超过2平方厘米
- 使用年限过长而破旧
- 印刷厂印刷问题而导致票面残次

图 2-2　残币的四种情况

那么残币分几种情况呢？残币主要包括四种情况（见图 2-2）。

出纳在实际工作中如果遇到残币该如何处理？最稳妥的方式是出纳先带残币去银行鉴别，然后进行全额或半额的兑换。

接下来我们说一下哪些情况下残币可全额兑换（见图 2-3），哪些情况可半额兑换（见图 2-4），哪些情况是银行不予兑换的（见图 2-5）。

银行可全额兑换残币的情况：
- 票面残损不超过1/5，其余部分图案、文字可照原样连接
- 票面污损、熏焦、水湿、油浸、变色，但能辨别真假，票面完整
- 残损不超过1/5，其余部分的图案、文字能照原样连接

图 2-3　银行可全额兑换残币的情况

银行可半额兑换残币的情况

票面残损1/5以上至1/2 ＋ 其余部分的图案、文字能照原样连接 ＝ 银行按照票面的一半金额兑换

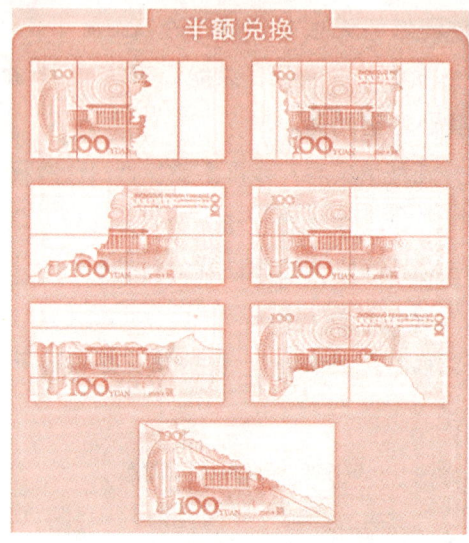

图 2-4　银行可半额兑换残币的情况

银行不予兑换残币的情况

- 票面残损1/2以上
- 票面污损、熏焦、水湿、油浸、变色，不能辨别真假
- 故意挖补、涂改、剪贴拼凑、揭去一面

不予兑换的残损人民币，由中国人民银行统一回收、打洞作废，不得流通使用

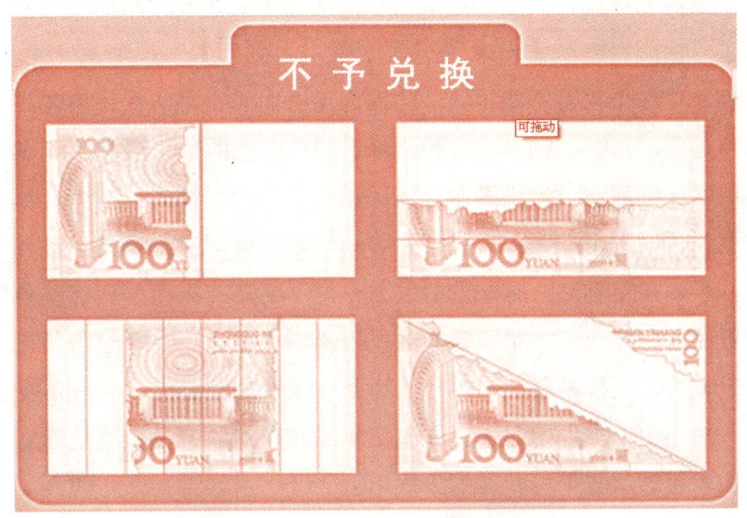

图 2-5 银行不予兑换残币的情况

实训演练 2-1　小白收到残币的处理方案

蓝色的星期一，白小白开始调整了一上午，终于进入了工作状态。她正整理当天收到的现金准备去银行时，有人来交款了。

知道钱包怎么鼓起来了么？——答：换成零的。所以，钱包鼓的不一定很有钱，当然，钱包瘪的不一定没钱，说不定都是卡呢。白小白这次终于看到现实版的用零钱填充起来的鼓鼓的钱包了。

白小白像是醉了。这个交款人像是专门来用掉残币的，交了3 000元货款，完好的只是1 900元而已，大部分都是零钱，剩下的全是残币，有拦腰截断的，有藕断丝连的。白小白终于理解了"残币"——残忍的货币。还好，这些残币不算残，去银行也可全额兑换的。于是，白小白试着用透明胶带粘了起来。

银行柜员整理残币，把用透明胶带贴补的重新用纸贴了。专业的人员做起事来就是专业，整理过后的残币看起来顺眼多了。银行柜员嘱咐小白："以后这些残币不能用透明胶带贴哦。还有这张，如果再少一点的话只能半额兑换了。"

业务完毕后，大堂经理跟白小白讲起了一些收残币时要注意的事项，白小白赶紧拿出本子记了下来：人民币属于我国法定货币，任何单位和个人都不能拒收。但因为用透明胶带粘人民币容易造成银行验钞、清分、销毁设备的损坏，损伤较大的残币应将其用薄纸和胶水粘贴后作为损伤券缴存人民银行，不得继续对外支付。如果收到用透明胶带粘贴的人民币，可小心地把透明胶带撕掉，改用薄纸和胶水重新粘贴。粘贴的时候，最好不要贴在纸币号码、防伪特征等关键部位上。如果不慎将人民币损伤，最好不要急于进行粘贴修补，可以直接拿着破损的人民币到各银行的营业窗口进行兑换。

白小白似乎也想起来，原来工作的超市对收银员也有规定，不让收取用透明胶带修补过的人民币。

> **小白如是说**
> 　　出纳一定要熟悉残币兑换标准，免得收到不合格的残币，损失的只能是自己。
> 　　残币不能用透明胶带粘贴。

2.3　数钱不再手抽筋的点钞技巧是什么

"睡觉睡到自然醒,数钱数到手抽筋",这是很多人的梦想。作为一名出纳,也许其中一项梦想要实现了。当然这是笑话。在出纳的基本技能中,数钱是必不可少的。大家不可以忽视这一项。如果这项技能没有过关,你就很难成为一名称职的出纳(见图2-6)。

点钞中最基本也是最常用、使用范围较广、频率较高的方法是单指单张点钞法。该方法顾名思义,用一个手指一次点一张钞票。它适用于收款、付款和整点各种新、旧大小钞票。该方法由于持票面小,能看到票面的3/4,容易发现假钞票及残破票。不过它也存在一些缺点,这是因为点钞过程中点一张记一个数比较费力。但对于出纳工作而言,由于金额有限,因而较为适用单指单张点钞,其示意图见图2-7。

点钞的四种方法

- 单指单张点钞法
- 单指多张点钞法
- 多指多张点钞法
- 扇面式点钞法

图2-6 点钞的四种方法　　　图2-7 单指点钞示意图

采用这种单指单张点钞法记数既简单又快捷,省力又好记,但记数时切记要默记,不要念出声,做到脑、眼、手密切配合,既准又快。

当然除了人工点钞之外，机器点钞为出纳带来了福音，减轻了其很大工作量。同时，机器点钞还可以辨别真伪，可谓一举两得。这就是传说中被别人卖了还帮别人数钱的"点钞机"了（见图2-8）。

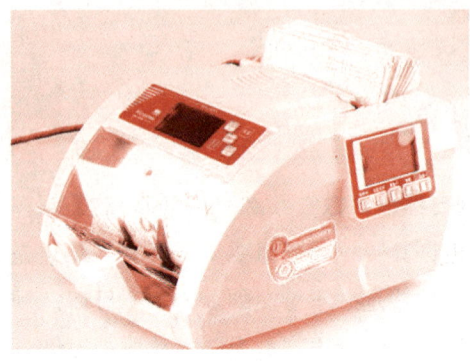

图 2-8 点钞机

不过点钞机也有"打盹"的时候，出纳在使用的时候也需要注意一些细节，要做到"五个二"（见图2-9）。

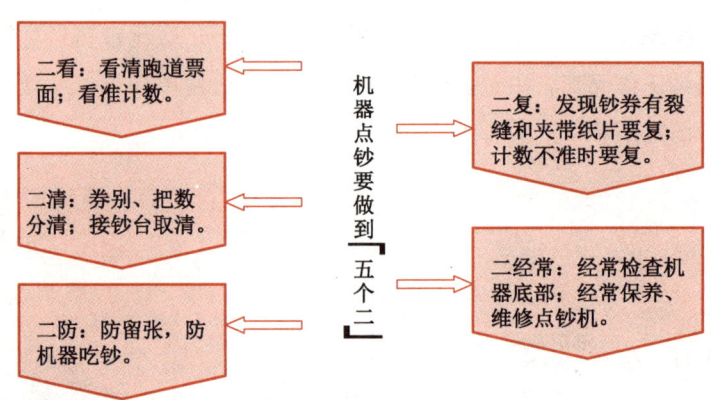

图 2-9 机器点钞要做到"五个二"

实训演练 2-2 手工点钞与机器点钞

白小白偶尔会怀念当时公司没买点钞机的日子，毕竟"数钱数到手抽筋"的日子一去不复返了。

故事一：手工点钞

梦想会照进现实，怀念也会变成现实的。因为，点钞机不是万能的。这天，线路检修，停电，点钞机罢工了。财务部偶尔的"哗啦啦"的声音也没有了。一时半会还真的不太适应呢。

所以今天每收一笔钱，白小白都使完了全身解数——手按式点钞，除了第一遍边数边验的单指单张、第二遍点数时直接用的是三指三张，最后一遍还是信不过再返回了第一种方法单指单张。当然，点钞效率降到了冰点。

白小白脑子里的两个小人对话了——

"如果收到个十万、八万元的现金，还不得来个财务总动员？"

"笨啊！金额大的可以让对方转账啊！"

"那金额小的对方可以直接存到银行呀，何必那么老远跑来这里交？还不够油费。"

"你傻啊，人家是来交钱拿货的，反正也是要跑的。"

白小白是无法摆脱收现金这一工作了。白小白突然很佩服程部长，听说21世纪伊始，程部长也是从出纳干起的，当时还没有验钞机呢。

故事二：机器点钞

白小白又开始写打油诗了："机器点钞也不好，手工点钞不灵巧，但它也是一个宝，没它效率提不了。"程部长就闪电般回复了"人无完人，机无完机吧"。

原来，白小白刚从银行取回了2万元现金，取钱的时候，银行的柜员是把2扎1万元的纸币打开，在点钞机上点给白小白看了后，再扎起来，白小白也就不数了。这会有人来借钱，按理说一扎1万元的，可是白小白拆开过验钞机点钱时候怎么数都是99张，白小白的心跳有点加速了。

白小白又手点了一次，还是100张后，舒了一口气，但重新用机器点，还是99张。在过验钞机点钱过程中，白小白也怀疑过钞票被验钞机卡住了。她把验钞机捣弄了一会，终于把业务办完了。

白小白只能说今天运气不好了。业务完成后,白小白悉心地护理起了点钞机,正所谓"工欲善其事,必先利其器"。

> **小白如是说**
>
> 再好的点钞机也会有出错的时候,所以出纳要养成验钞机点验完后也要经过手工点验这一关的习惯。道高一尺魔高一丈,手工点钞也可以辅助识别钞票的真伪。

2.4 出纳如何书写数字

在日常工作中,经常会出现这种事情。整数的部分被大家所重视,但涉及分、角的地方很多人会忽视。

财务工作的特征就是严谨。别说是 1 元钱，就是 1 分钱的误差都不可以有。因此财务数字的书写十分规范，而其要具体到角、分。那么财务数字该如何书写呢（见图 2-10）？

√	壹	贰	叁	肆	伍	陆	柒	捌	玖	拾	佰	仟
×	一	二	三	四	五	六	七	八	九	十	百	千

图 2-10　财务数字的正确书写

下面我们举个例子，比如出纳要手工填写一张转账支票，金额是：1 248 570.93 元。那么在支票小写和大写金额的地方应这样填写：

￥1 248 570.93＝壹佰贰拾肆万捌仟伍佰柒拾元玖角叁分

此外，大家要注意："角"不可以写成"毛"，"整"和"正"可以通用，如果金额数字书写中使用繁体字，如贰、陆、亿、万、圆的，也应受理。

白小白买白菜时，并没有发现 2 元后面还有 8 角 8 分，以为西瓜是 2 元/斤。对于严谨的财务工作，这种情况是必须杜绝。因此，如果尾数不到分，那必须以"整"或"正"字结束。

关于"整"（正）的用法

(1) 中文大写金额数字到"元"，在"元"之后应写"整"（正）字。
(2) 中文大写金额数字到"角"，在"角"之后应写"整"（正）字。
(3) 中文大写金额数字有"分"的，"分"后面不写"整"（正）字。
例如：￥1 560＝壹仟伍佰陆拾元整
　　　￥1 560.3＝壹仟伍佰陆拾元叁角整
　　　￥1 560.32＝壹仟伍佰陆拾元叁角贰分

对于"0"这个数字，大家也务必注意。有的时候数字中间连续有 2 个 0，或者更多，如 100 200 元或 100 020 元。遇到这种情况，大家在将小写金额数字写成中文大写的时候不可忽视"0"（见

图2-11）。

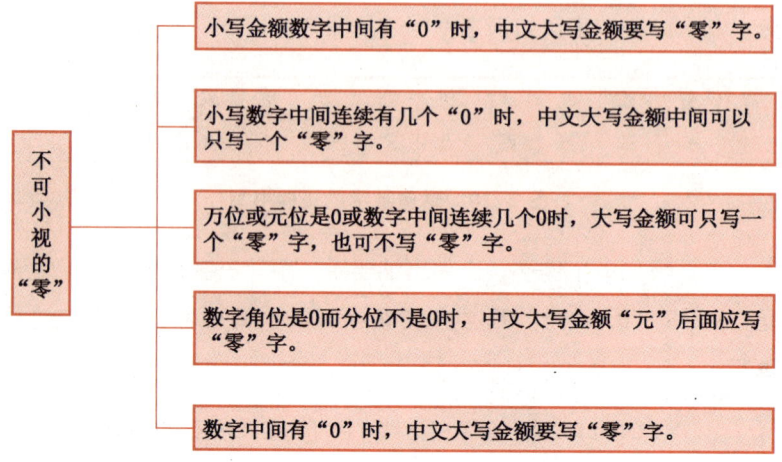

图 2-11 不可小视的"零"

下面举几个例子，来展示一下"0"和"整"的用法。

￥1 409.50 ＝ 壹仟肆佰零玖元伍角整

￥6 007.14 ＝ 陆仟零柒元壹角肆分

￥1 680.32 ＝ 壹仟陆佰捌拾元零叁角贰分 ＝ 壹仟陆佰捌拾元叁角贰分

￥107 000.53 ＝ 壹拾万柒仟元零伍角叁分 ＝ 壹拾万零柒仟元伍角叁分

￥16 409.02 ＝ 壹万陆仟肆佰零玖元零贰分

￥325.04 ＝ 叁佰贰拾伍元零肆分

小白如是说

- 小写金额数字前面均应填写人民币符号"￥"（或草写￥）。
- 小写金额数字要认真填写，不得连写，否则会让人分辨不清。
- 假若小写金额数字字迹不清楚，则票面金额以大写为准。

2.5 辨别真假票据的方法是什么

  同事报销或者对预支的款项回来报账的时候，都会涉及发票。而出纳会经手这些发票。如今很多不法分子铤而走险，用高科技手段制假、贩假，并且十分猖獗。作为出纳而言，必须要为公司把好这道关，杜绝收到假发票，避免给公司惹来不必要的麻烦！近些年，随着防伪技术的提高和国家税务总局更加严厉的监管，收到假发票的情况逐年降低。但是真发票、假业务的情况却时有发生。所以，初入财务职场的出纳，要学会保护自己，对可疑的发票要有警醒的意识，绝不可参与任何违法、造假的事情，否则等待自己的就是法律的惩罚！

  虽然审核是会计的职责，但是出纳付款前再复核一下更稳妥。

辨别普通发票有三种方法，如图 2-12 所示。

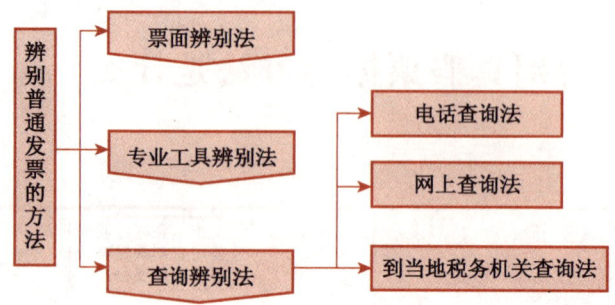

图 2-12　辨别普通发票的方法

方法一：票面辨别法

首先要看发票的纸张。新版普通发票现在都采用有防伪水印的纸张进行印制了，你在阳光下看，可以清晰地看到菱形的水印图案，菱形中间有"SW"的字样（见图 2-13）。

图 2-13　"SW"字样

其次要看发票监制章。真的发票，其正面上方中间"发票联"那个地方，有一枚椭圆形的红章，章的上方标有"全国统一发票监制章"，章下方标有"地方税务总局监制"或者"国家税务总局监制"的字样。中间还有发票所在地的简称及名字（见图 2-14）。

图 2-14　"国家税务总局监制"字样

再次要看销售方的发票专用章。没有发票专用章的发票是无效的发票（见图2-15）。

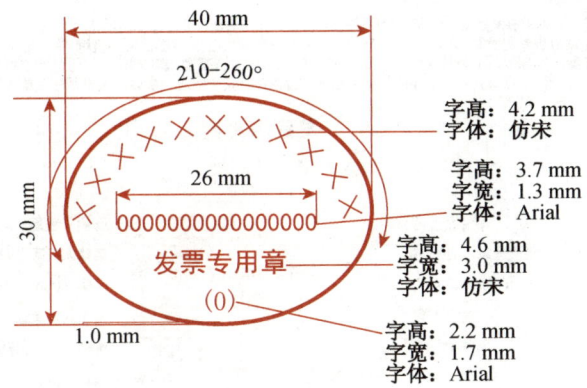

图2-15 "发票专用章"字样

方法二：专业工具辨别法

很多小单位都没有购置专业的鉴别发票的工具，但是建议业务多、收票多的单位还是购买的好。这种专业的辨别工具就是——红外激光专用鉴别笔。发票上方的"全国统一发票监制章"在红外激光专用鉴别笔的激发下，能够显示黄绿色亮点并发出"嘟"的一声。

方法三：查询辨别法

查询方法有以下三种：

（1）电话查询法：拨打当地税务机关查询发票真伪的电话，输入"发票代码""发票号码""密码"进行查询。

（2）网上查询法：登录当地税务机关的官方网站，找到"发票查询"一项，在其中输入"发票代码"和"发票号码"，能很容易地看到这是什么时间、什么单位使用的发票，方便快捷。如果是假发票，自然在网上是查不到的（见图2-16）。

（3）到当地税务机关查询法：出纳也可以拿上发票，到当地的税务机关，给他们出示，请他们辨别，可不要把国税的发票拿到地税去鉴别。

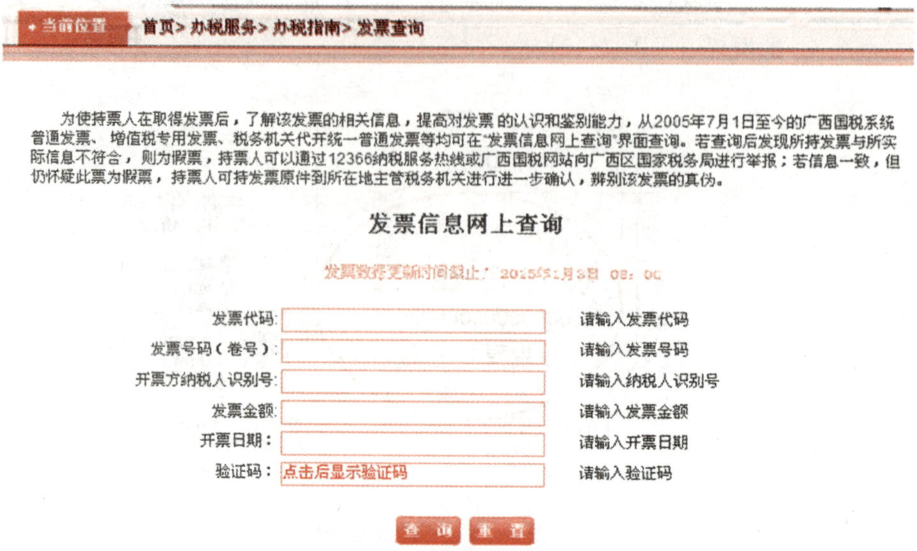

图 2-16 税务局网站发票查询界面

所以，个人消费的时候也要记得索要发票，一不小心就中奖了。

对于出纳来说，辨别增值税发票，一般只是票面辨别。如果是增值税专用发票的话，就更简单了，认证通过的就是真票。

随着电子发票的普及，新版系统开出的网络发票全国联网，随票面还附有二维码，只要手机一扫，所有开票明细立马呈现，发票真假一目了然，哪里的发票信息都能查，出纳再也不必担心收到的发票有假了。

第3章

我和"钱"的亲密接触

3.1 保险柜的钱从何而来

前已述及,出纳管钱,其实管的是两处的钱:一是银行账户的存款;二是出纳室中保险柜中的钞票,当然也有硬币。本节主要讲的内容正是出纳对保险柜中的钱的管理。

初做出纳的朋友,很可能不清楚银行存款和现金之间的关系。尤其是它们彼此之间的转换意味着什么?出纳岗位在其中充当什么样的角色?本章我们就是围绕着"钱"的方方面面来讲解出纳对公司库存现金的管理。

图3-1是公司银行存款变为库存现金,又由库存现金支出的简单示意图。

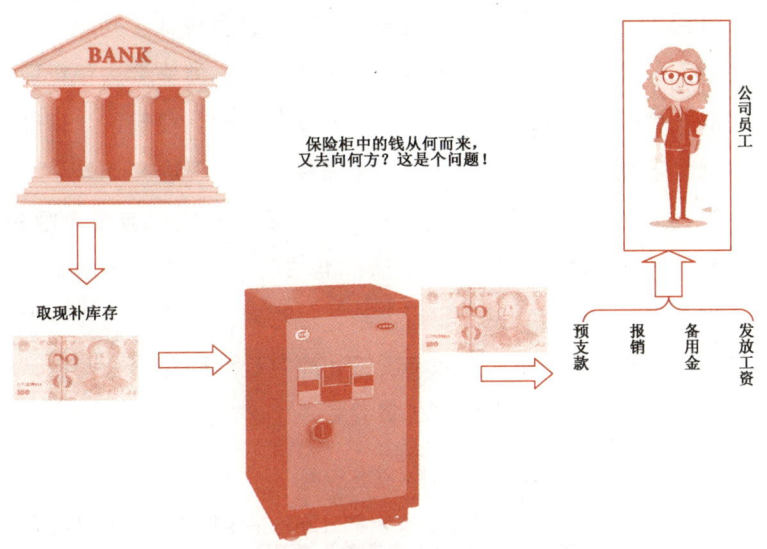

图 3-1　银行存款与库存现金流转示意图

"取现补库存"是财会人员常用的专用术语，顾名思义，取出存在银行的钱放入库存现金中，以补充保险柜中的现金。而保险柜中的资金支付的项目大体包括：预支款、给职工报销、支付备用金、发放职工工资等。出纳对钱的管理基本是围绕着银行、保险柜来开展工作的。各自业务有自身的业务特征，如取现补库存的流程、预支款的办理、备用金的发放、报销的程序等。

那么，出纳在什么情况下需要到银行账户取现呢？

出纳需要对库存现金的金额做到心中有数，其取现补库存大体包括三种情况（见图 3-2）。

出纳取现补库存的三种情况

现金小于库存限额时	发放工资时	特殊情况下取现时
情况一	情况二	情况三

图 3-2　出纳取现补库存的三种情况

其实图 3-2 中的情况一最为常见，即出纳发现保险柜中的钞票不足以支付接下来可能发生的现金业务的时候，就需要去银行取现金了。在这种情况下，库存现金的限额便是关键。我们该如何确定库存现金限额呢？或者说是谁来决定库存现金的限额？

根据规定，开户公司应该与开户行协商并核定库存现金限额，公司需要填制"库存现金限额申请批准书"，向开户银行申请。但是这项规定年份较早，对于银行而言，很难对所开户公司库存现金进行实地盘查，因此在大多数情况下，库存现金限额由公司自己决定。希望出纳朋友们掌握下列计算公式：

库存现金限额＝每日零星支出额×核定天数

每日零星支出额 ＝ 月（或季）平均现金支出额（不包括定期性的大额现金支出和不定期的大额现金支出） ÷ 月（或季）平均天数

有些朋友一看公式就觉得很麻烦，下面给大家介绍一种简单的方法来确定库存现金限额，我们可以按照公司 3～5 天日常零星开支所需现金作为依据来确定；边远地区和交通不便地区的开户单位的库存现金限额，可按多余 5 天、但不得超过 15 天的日常零星开支的需要确定。

接下来我们需要了解取现的流程（见图 3-3）。

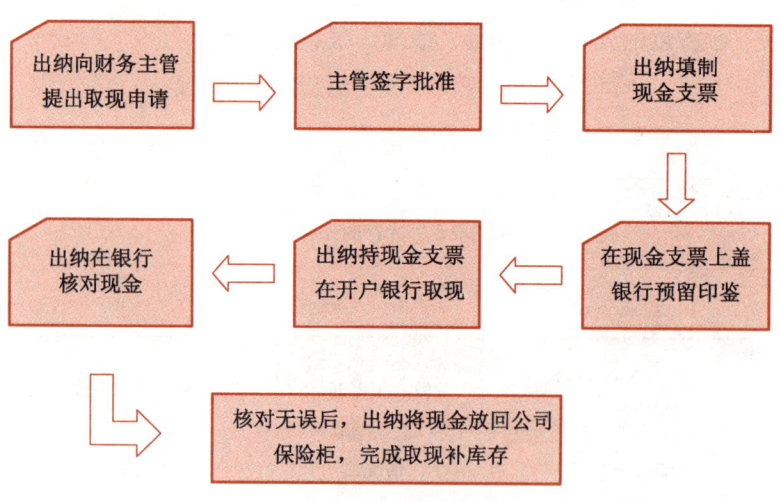

图 3-3　取现流程

3.2 报销业务如何做

　　苦命的小胖报销这么难,可不能把原因归结在我们出纳小白的身上。对于国家的财经法规和公司内部的财务制度,出纳都必须严格执行。小白如果轻易办理了小胖的报销业务,后面发生任何问题,小白都负有逃脱不了的责任。

　　在3.1中,我们谈到了取现补库存。下一步对于出纳而言就显得较为关键了。当然,这也能显现咱们出纳手中的权力了。在什么情况下可以支现是出纳必须了解和掌握的知识。从本节开始,我们就围绕出纳支现的各种情况来讲解出纳对"钱"的管理。

> **小白如是说**
>
> 先做事，再给钱——这是报销业务的实质。
>
> "好好干，公司不会亏待你的……"以前这话怎么说也有理，没付出怎么会有回报呢？但现在一听这话就有点上当了的感觉。因为付出与回报不成正比。话说回来，"是你付出的还不够……"唉，还是被"亏待"了。
>
> 一般而言，在报账业务之前都可以申领借款或部门备用金。所以不存在"先做事，再给钱"了。

出纳室虽小，却承载了公司资金的运转大任。出纳虽然管钱，但是并不是任何情况都需要出纳用现金支付。譬如，我们从供应商那里购买20万元的货物，如果是纯现金交易的话，对方送货来的同时，我们需要给对方准备一大袋子现金。这种一手交钱、一手交货的行为现今早已经过时。那么作为出纳，可以用现金支付的范围有哪些呢？出纳可以用现金支付的范围如图3-4所示。

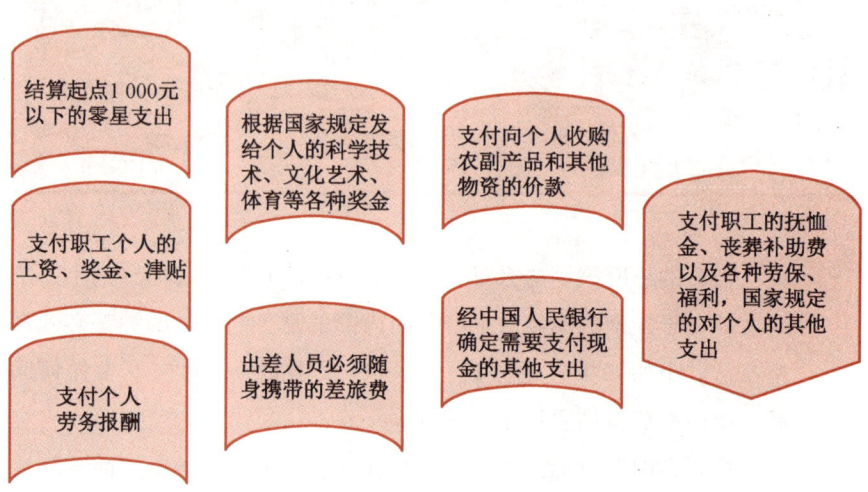

图3-4 出纳可以用现金支付的范围

出纳办理现金支出业务时，其依据主要是发票、非经营性收据、往来收据和内部结算使用的工资表、借款审批单等。出纳应当按照原始凭证的审查要求，仔细复核，并按规定程序办理支出事宜。具体程序如图 3-5 所示。

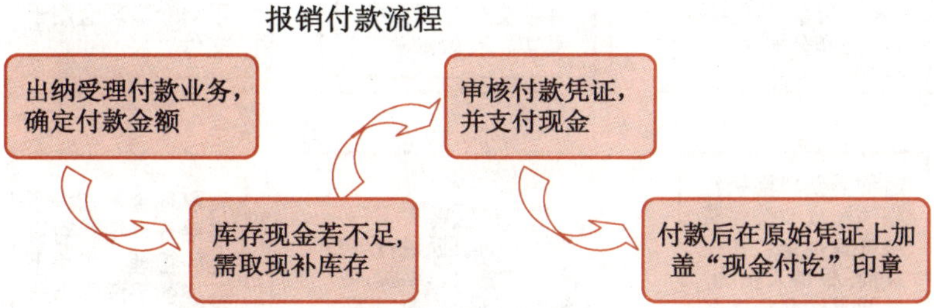

报销付款流程

出纳受理付款业务，确定付款金额 → 审核付款凭证，并支付现金 → 付款后在原始凭证上加盖"现金付讫"印章 → 库存现金若不足，需取现补库存

图 3-5　报销付款流程

小白如是说

　　出纳对库存现金应做到心中有数，提前准备好充足的现金用于支付；不足部分应及时从开户银行提取；对于确实不足以全额支付的业务，应约好时间一次性支付，不得分次支付，避免责任不清、程序错乱。

此外，根据审核无误的原始单据办理现金支付时，出纳应进行复点，并要求收款人当面点清并确认。如果是由收款人直接领取现金的，由其本人签收；如果是他人代为领款的，应在得到当事人的确认后，方可由代领人签收，并注明"某某代某某领款"字样，以明确双方责任。

那么符合什么要求的现金支出业务，出纳可以给报销？

作为现金支出业务的最后一关，出纳必须以严肃认真的态度进行处理，因为支出一旦发生失误，将会给公司造成难以追补的经济损失。出纳处理业务时需要注意以下三个方面（见图 3-6）。

出纳人员要特别注意套取现金支付的情况，避免在工作中犯如下错误：

（1）编造合理用途（如差旅费、备用金的名义）超限额支取现金的行为。

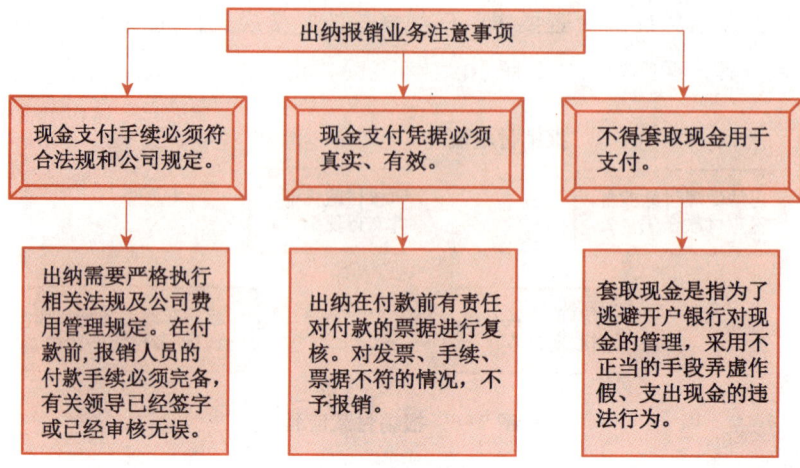

图 3-6　出纳处理报销业务注意事项

（2）利用私人或其他单位的账户支取现金的行为。

（3）将公款转存个人储蓄的行为。

（4）用转账方式通过银行或邮局汇兑、异地支取现金。

（5）用转账凭证换取现金。

（6）虚报冒领工资、奖金和津贴补助。

其实在报销业务的原始票据中，发票是最常见的一种。目前，我国常见发票分为五种（见图3-7）。

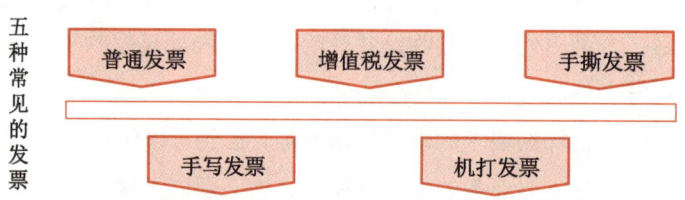

图 3-7　常见发票类型

发票是报销凭据中重要的原始凭证，出纳除了有一定辨识发票真伪的能力外，还要对发票的合规性、有效性有充分掌握。例如，小胖报销时，开具的发票连公司的全称都没有写正确，显然是无法给予报销。需要让小胖回原开票单位重新开票。出纳对发票的合规性审核内容如图 3-8 所示。

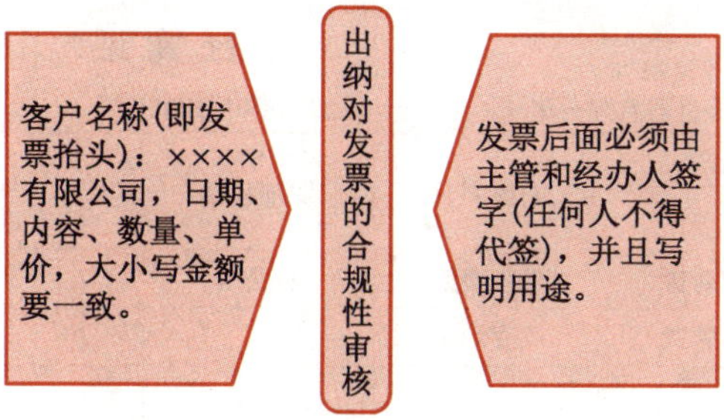

客户名称(即发票抬头)：××××有限公司，日期、内容、数量、单价，大小写金额要一致。　出纳对发票的合规性审核　发票后面必须由主管和经办人签字(任何人不得代签)，并且写明用途。

图 3-8　出纳对发票的合规性审核内容

付款凭证上一定要有财务人员审核，相关部门负责人签字，并且出纳一定要对公司内部财务制度有充分解读。比如，公司会规定，单笔报销金额超过 1 000 元，需要经公司总经理签字；单笔报销金额小于 1 000 元，需要分管副总签字。

如果出纳对财务制度都不知悉，又如何要求报销的同事规范填写报销单据呢？所以一位称职的出纳要对公司的财务制度相当熟悉。

当然在实际工作中，也有因负责人出差发票未签字便先付款的情况。对于这种情况，出纳必须直接与负责人通话。不过，如果严格按照相关制度规定，这种情况属于违规操作。对于治理规范的公司来说，这种情况是要杜绝的。

实训演练 3-1　行政部林玲报销招聘费

行政部新来的员工林玲来出纳室找小白办理报销业务了，小白熟练地开始审核凭证（包括记账凭证、费用报销单、发票），如图 3-9 和图 3-10 所示。

白小白还疑虑了一下，怎么林玲没拿去给领导签字就来报销呢？她复核了才知道，林玲有点先斩后奏了，会计、分管副总是签字了，但是部门的领导还没签字呢。

"林玲，你们老大还没审批呢？"

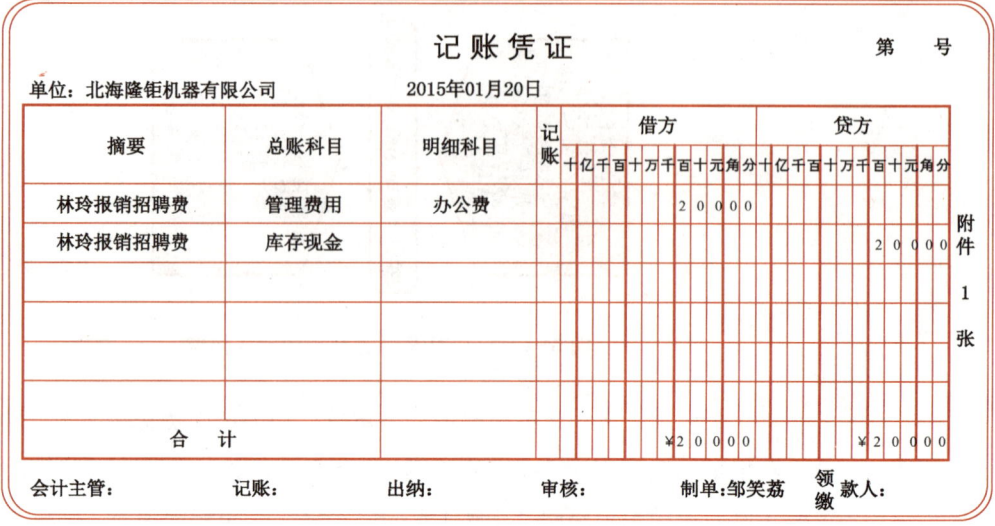

图 3-9 记账凭证

报销部门：行政人事部		2015年01月20日		单据及附件共 2 页
用途	金额(元)	备注		
招聘费	200.00			
			领导审批	洪兵
合 计	200.00			

金额：⊗拾⊗万⊗仟 贰佰 零拾 零元 零角 零分　原借款：　　　元　应退余款：　　　元

复核：邹笑荔　　　出纳：　　　　　报销人：林玲　　　领款人：林玲

图 3-10 费用报销单

"我们老大今天休假，明天才来上班。"

"那不好意思了，只能等明天签完字后再付咯。"白小白严肃起来还是让人有点怕怕的。

"好吧。"林玲拍了拍胸口，自喃："吓死宝宝了"。

第二天，林玲拿来了报销单，小心翼翼地说："白姐，这下可以了吗?"

"嗯，你在这里签下字"，小白指了下记账凭证的"领/缴款人"处。

随后，白小白还是和以前一样，在"费用报销单"的"出纳"处签字，并在报销单上盖上了"现金付讫"的印章。

> **小白如是说**
> 付款时，手续不完备的坚决不予办理。

3.3 预支现金和借款报账是如何操作的

小白的比喻还是十分恰当的，出纳支出的预支借款最终都要有"回音"。这些"回音"主要是外单位开具的发票或者是借款人交回的现金，总之金额必须对得上！

刚才我们主要谈及的是现金支付业务中的报销业务。其实现金支付中还有很多情况，除了报销之外，员工内部借款也是经常发生的事项。出纳也要对此有充分的把握。

> **小白如是说**
>
> 　　不以结婚为目的的谈恋爱就是耍流氓，以买房为目的的借钱就是耍流氓。
>
> 　　工作中也会调侃：不以业务为目的的借钱就是耍流氓，以业务为目的的借钱也是耍流氓，所以，在单位，好像借钱与不借钱都是错。
>
> 　　借款业务是出纳遇到的比较多的业务了，一般都是各部门员工出差或办业务时借款等，都得按程序、按流程走，即使你是老板，也不例外。

每个公司的借款制度大体相同，填单—走流程—出纳付款。"走流程"说白了就是各级领导审批。借款操作流程如图 3-11 所示。

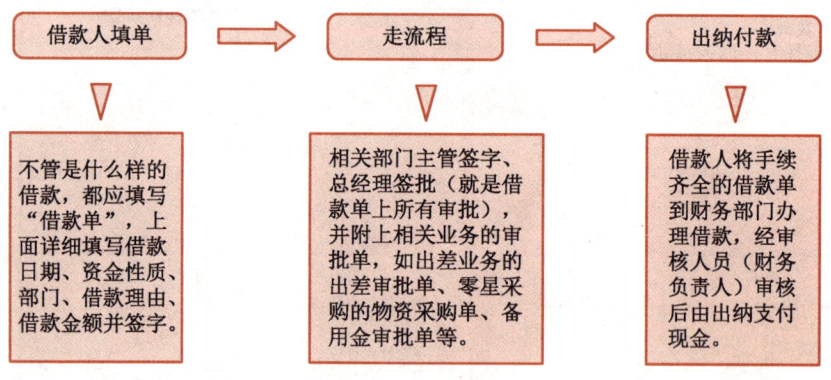

图 3-11　借款操作流程

现在很多公司都注重流程管理，启动如 OA（即办公自动化）之类的系统。借款单上的领导审批可能是通过办公系统来完成的。但其道理是和 OA 系统一样的。

出纳在付款前不仅要审核借款单是否合规，同时一定要查清该员工或部门是否存在未清款现象，所有借款都应该遵循"前账不清，后账不借"的原则。

没有规矩，难成方圆。公司所有的业务管理都需要用规定来维持。每个公司都有自己的规定。出纳在处理借款业务的时候需要注意什么呢？出纳处理预支现金业务时需要考虑的事项如图3-12所示。

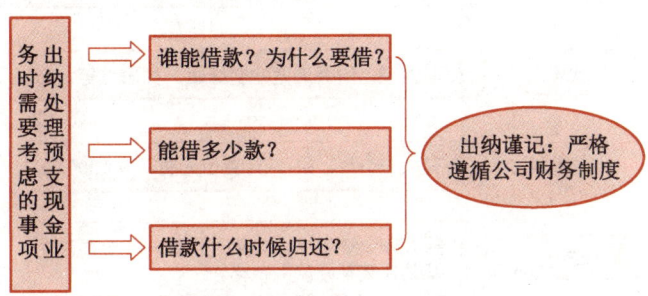

图3-12　出纳处理预支现金业务时需要考虑的事项

这些事项都是借款事项中的重点，出纳心里要有个数。诸如非业务人员能不能借，部门备用金由谁来借？借款范围有哪些？借款的上限金额是多少？借款的时限为多久？这些问题在公司财务制度中都会有严格规定。出纳不可以越雷池半步。

出纳在借款之前，需要审核的单据则是"借款单"（见图3-13）。

借　款　单

年　月　日　　　　　编号：

借款人		还款期限	
借款说明			
借款金额	（大写）		￥
部门经理		总经理	
财务经理		借款人签字	

图3-13　借款单

借款单填写的注意事项如图3-14所示。

- **资金性质**：可以填临时借款、备用金等。
- **借款日期**：填写票据的当日。
- **借款单位**：通常是公司内部的部门。
- **借款理由**：简明扼要，但要清楚注明缘由，如出差等。
- **借款数额**：需有大、小写。如：贰仟叁佰元整，￥2 300.00。
- **借款人**：借款人一定要签字，如果是代领，一定要注明"某某代某某领款"字样。
- **付款记录**：付款结束后，出纳要在付款记录上标注好付款日期及付款方式。

图3-14 借款单填写的注意事项

刚才我们在讲报销业务时也谈及"现金付讫"章。该章应该由出纳在借款单据或报销单据上盖章，表明业务已用现金支付完成。盖此章可以让记账会计清楚支付方式，以便做账。

> **小白如是说**
>
> 付完款后加盖"现金付讫"章有个好处，就是避免了费用报销审批完毕、出纳库存现金不足时暂时未付的压单混乱，出纳压单多了，有时会忘记哪些已经付过，哪些未曾付过。

所谓压单，是指在此刻积压了两个或者两个以上的订单，且订单数目已经导致暂时或者在将来的某一段时间内不能按时完成或者结束。而这里出纳的"压单"指已经办完手续并交给了出纳，而出纳暂时未付的被出纳"压"下来的"单"据。

小白如是说

"吃了我的给我吐出来,拿了我的给我还回来。"

比如说,这次办业务借了1 000元,花了800元,但是你还需要借500元办业务。首先你必须把剩下的200元还了,其次再谈借款。每笔账都要清,是为了财务好记账,但"前款不清,后款不借",公司一般都实行这种财务制度的。

故事中,小白和男友玩"打水漂"游戏。其实对于公司的资金而言,预借的款项如同石头,借出去多少,都要有"回音"。这个"回音"有两种:一是借款人到借款期限如数偿还借款;二是借款人用发票或其他有效票据报账,类似于报销冲账。

报账时,发票对于出纳而言即是现金。预支多少现金,借款人回来报账(也可称冲账),必须有等金额发票相匹配;当然,也有不对等的情况,也就是说,借款人报账的时候,拿来的发票与预借的金额不符(见图3-15)。

| 预借现金金额 | > | 报账发票金额 |

例如,出纳预支给小胖100元,小胖拿回的发票是90元,小胖报账同时需要交还10元现金。

| 预借现金金额 | < | 报账发票金额 |

例如,出纳预支给小胖100元,小胖拿回的发票是110元,小胖报账的同时,多余的发票金额10元需要按照费用报销流程处理。

图3-15 出纳处理报账业务的操作方法

实训演练 3-2 销售部黄姐借差旅费

黄姐要到柳州出差，向小白借支差旅费 500 元。手续已经办好了，单据在邹会计那里。小白从邹会计那里拿来凭证（见图 3-16 和图 3-17）。

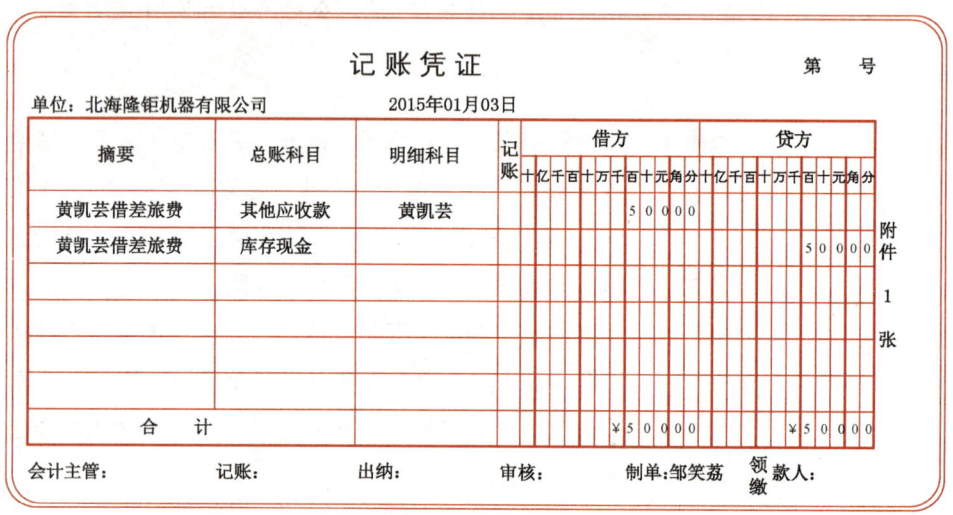

图 3-16 记账凭证

图 3-17 借款单

小白熟练地复核了一下夹好的凭证,包括记账凭证 1 张,原始凭证(借款单)1 张,而且手续已经全部办理完备了。因为 2014 年年底前已经把借款的清了一遍。这天是 2015 年的第一个工作日,自然没有前款未清的现象。

黄姐接到小白的通知,过来领款。她很熟练地在记账凭证右下角的"领/缴款人"处把"缴"划掉,并签了名。小白在借款单的"付款记录"那里写上了付款日期及方式,并盖上了"现金付讫"印章(见图 3-18)。

借 款 单

2015年01月03日

资金性质:_____		
借款部门:销售部		
借款理由:出差		
借款金额:人民币(大写) ⊗拾 ⊗万 ⊗仟 伍佰 零拾 零元 ¥500.00		
本部门负责人意见:胡媛		借款人:(签章)黄凯芸
公司负责人指示: 洪兵	会计主管人员核批: 程海枫	付款记录: 2015年 01 月 03 日以第　　号 支票或现金支出凭单付给

(盖章:现金付讫)

图 3-18　已盖"现金付讫"字样的借款单

最后,白小白在《借款登记表》上登记了借款信息(见图 3-19)。

借款登记表(2015年)

序号	日期	借款人	借款理由	借款金额	还款时间	备注
1	01月03日	黄凯芸	出差	500元		
2						

图 3-19　借款登记表

> **小白如是说**
>
> 现金付款流程如下：
>
> 收到会计传递来的凭证 ➡ 复核会计审核的借款单及记账凭证（主要核对签字是否完备）➡ 支付现金 ➡ 在借款单的"付款记录"处登记好 ➡ 盖上"现金付讫"印章（所有报销单据，凡是已经现金付清的，都应该盖好"现金付讫"章）。

实训演练 3-3　销售部黄姐报销差旅费并冲减借款

销售部黄姐出差回来了，除了揽回了公司的生意，还把我们的订单都送货上门了。她是专程跑到特产店买的，还附送了河池的特产。"黄姐，你又跟去河池了？"

"是啊，回来的时候往河池绕了。对了，有回款了吗？"

"今天查了，还没到。""我再打电话去问一下吧。"随后，黄姐拿了几张"差旅费报销单"和"原始凭证粘贴单"（公司制度规定，差旅费必须在出差归来后 3 天内报至财务审核）。

第二天，黄姐整理好了报销单据，到财务这里给会计审核。会计发现了一个小问题，黄姐又重新填单，然后部门负责人签字。会计审核过了，她还要找专管的公司副总签字，跑了办公楼几圈，终于把手续办了下来，按黄姐的原话"终于把洪总给逮住了，不容易啊"。最后，白小白收到了会计传递过来的凭证——记账凭证 1 张、汇总原始凭证（差旅费报销单）1 张，还有一沓贴在原始凭证粘贴单上的发票（见图 3-20 和图 3-21）。

复核了单据后，白小白按记账凭证上的金额 184 元支付给了黄姐，然后在"差旅费报销单"上"出纳"处签上了自己的名字，并在报销单上盖了"现金付讫"的印章。

最后，白小白在《借款登记表》做好了记录（见图 3-22）。

记账凭证

单位：北海隆钜机器有限公司　　2015年01月10日　　第　号

摘要	总账科目	明细科目	借方 十亿千百十万千百十元角分	贷方 十亿千百十万千百十元角分
黄凯芸报销差旅费	销售费用	差旅费	6 8 4 0 0	
黄凯芸报销差旅费	其他应收款	黄凯芸		5 0 0 0 0
黄凯芸报销差旅费	库存现金			1 8 4 0 0
合计			￥6 8 4 0 0	￥6 8 4 0 0

会计主管：　　记账：　　出纳：　　审核：　　制单：邹笑荔　　领款人：

附件1张

图 3-20　记账凭证

差旅费报销单

2015年01月10日

部门　销售部　　出差人　黄凯芸　　出差事由　　　联系业务

出发			到达			交通工具	交通费		出差补贴		其他费用		
月	日	时	月	日	时	地点	单据张数	金额	天数	金额	项目	单据张数	金额
1	3		北海	1	3	南宁　汽车	2	70.00			住宿费	1	280.00
1	8		南宁	1	8	北海　汽车	2	70.00	5	250.00	市内车费	10	14.00
											邮电费		
											办公用品费		
											不买卧铺补贴		
											其他		
合计								140.00		250.00			294.00
报销总额	人民币(大写)	陆佰捌拾肆圆整（￥684.00）				预借旅费	￥500.00		补领金额　￥184 退还金额　￥				

主管　洪兵　　审核　邹笑荔　　出纳　白小白　　领款人　黄凯芸

附件15张

图 3-21　差旅费报销单

借款登记表(2015年)

序号	日期	借款人	借款理由	借款金额	还款时间	备注
1	1月3日	黄凯芸	出差	500元	1月10日	报销684元，找补184元

图 3-22　借款登记表

> **小白如是说**
>
> 现金付款流程：先收到会计传递来的凭证→复核会计审核的报账单及记账凭证→按记账凭证上的"库存现金"贷方金额支付现金→在"差旅费报销单"上"出纳"处签章（所有报销单据，有出纳签章的，出纳应该签章完备）。

3.4 如何通过现金结算

小白买白菜，对于菜农而言，小白付的现金就是收入。但企业之间的往来，多数收入是通过银行转账的，也就是说并非是现金结算，而是银行结算。

单从现金业务而言，出纳有的时候也会收到一些现金收入。例如，购货方是个人，确实没有对公账户，自然需要用现金付款。

小白如是说

"见好就收"这个成语，引用到这里是它的另外一种解释——见好就收，不好的千万别收。但是在现实生活中，不好的也收了，所以才出现了那么多"乱收费"现象，最终后悔莫及，侥幸的人赶紧学学余华《活着》中的那句吧——"我是见好就收，免得日后也落到你这种地步。"出纳工作也是一样，不是什么钱都可以随便收，所有收款都要知道来源，符合程序，这就是出纳见好就收中的"好"了。

大家还记得图 3-1 中银行存款与库存现金流转示意图吗？从银行取现补库存，保险柜中的现金再以报销、预支、发放工资等形式支出。但是，也有一些公司存在从员工或者客户那里收回现金并将其存入保险柜的情况（见图 3-23）。

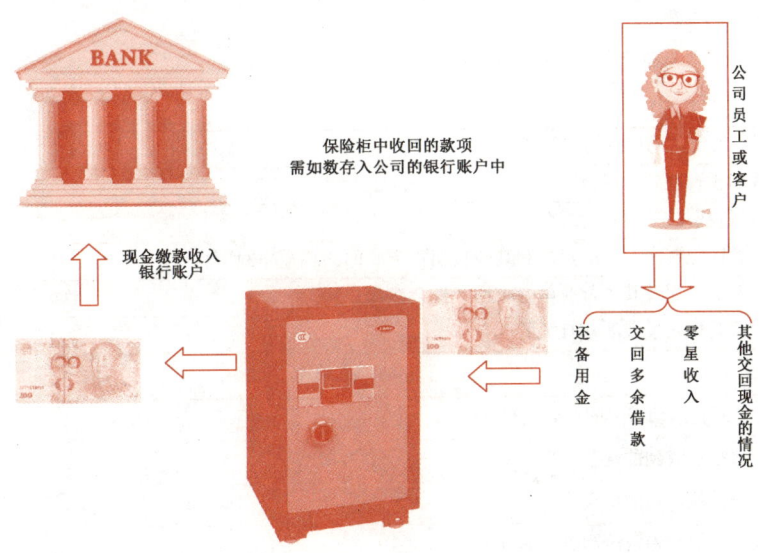

图 3-23　出纳收回现金送交银行流程

那么，现金收款来源包括哪些方面呢？需要提醒大家的是，我们这里所说的收款与会计上的收入是两个概念（见图3-24）。

会计中"收入"的概念

收入是指企业在日常活动中形成的、会导致所有者权益增加的、与所有者投入资本无关的经济利益的总流入。

对于出纳而言的收款

出纳的收款主要是预支现金收回、出差人员差旅退回的多余款项、内部职工违规罚款和零星收入。

出纳收到的现金，除了零星收入外，其他都不算会计概念的收入。

图 3-24　收入概念的区分

为了加深出纳现金收款的理解，我们可以从现金流量表的一些项目上对公司现金流入的情况有一个大致的了解（见图3-25）。

一、经营活动产生的现金流量：
销售商品、提供劳务收到的现金
收到的税费返还
收到其他与经营活动有关的现金

二、投资活动产生的现金流量：
收回投资收到的现金
取得投资收益收到的现金
处置固定资产、无形资产和其他长期资产收回的现金净额
处置了公司及其他营业单位收到的现金净额
收到其他与投资活动有关的现金

三、筹资活动产生的现金流量：
吸收投资收到的现金
取得借款收到的现金
收到其他与筹资活动有关的现金

图 3-25　现金流量表中涉及的现金流入

这些事项都可以给公司带来正的现金流，但是如果是放在过去，在没有银行的年代，会将出纳彻底累得趴下。比如一个投资家拎着几箱子现金到出纳室，然后说："我给你们公司投了500万元，你过数吧！"显然，这是天方夜谭。

出纳还是应该感恩，幸好自己生在银行诞生后的年代，公司的许多现金流并不需要出纳一一清点钞票，仅仅是一些小额零星收款是需要出纳收现金，即现金结算，其他款项都通过银行划转，也就是银行转账结算。

那么对于小额的现金，其收款的程序有哪些呢？出纳小额现金收款程序如图3-26所示。

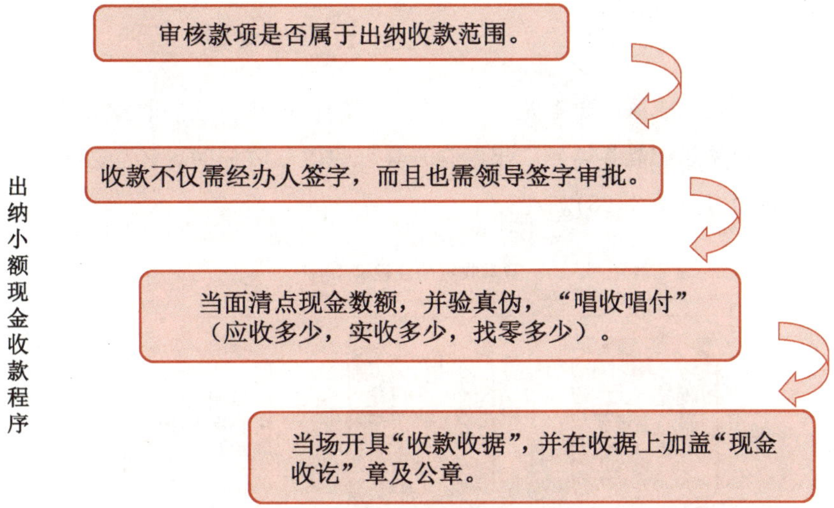

出纳小额现金收款程序

审核款项是否属于出纳收款范围。

收款不仅需经办人签字，而且也需领导签字审批。

当面清点现金数额，并验真伪，"唱收唱付"（应收多少，实收多少，找零多少）。

当场开具"收款收据"，并在收据上加盖"现金收讫"章及公章。

图3-26　出纳小额现金收款程序

在收款的过程中，出纳也需要注意一些细节问题。比如，出纳收取零星销售货款时，必须看是否有销售单据或出库单等；收取员工所偿还的借款时，必须看是否有报销单等。

例如，公司职工王明镜，购买智达书店的15本书，每本书的价格为38元，共计570元。发票已由白小白的同事销售会计小方开具，同时白小白负责收款，并开收据（见图3-27）。

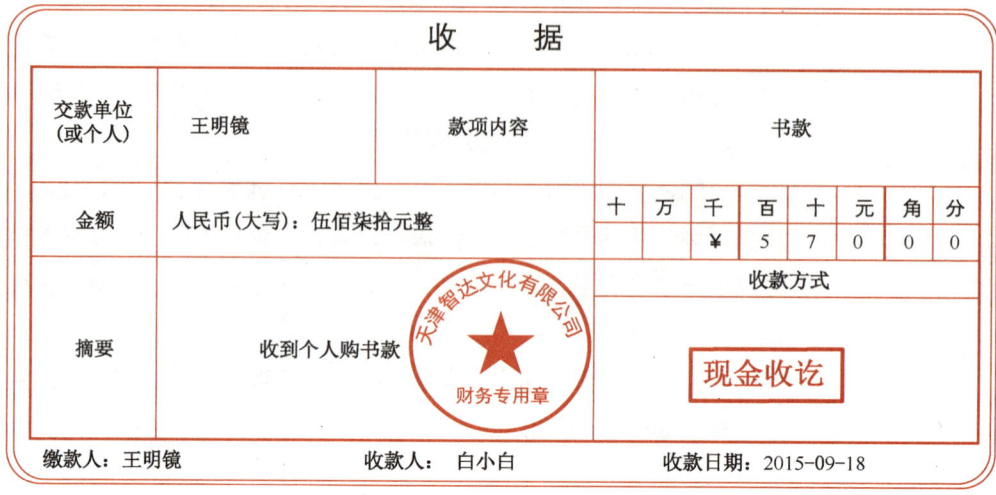

图 3-27　收据示例

以前的收款收据都是在税务局购买的，现在一般的收款收据在办公用品店都能买得到。出纳在开具现金收款收据时，还应注意如下事项（见图 3-28）。

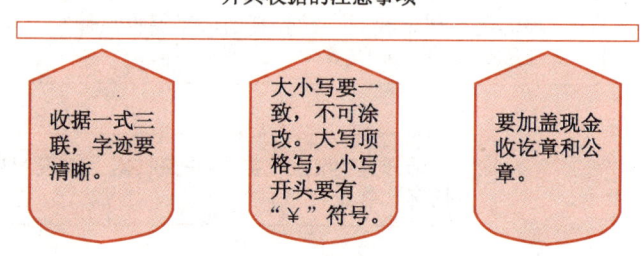

图 3-28　开具收据的注意事项

之所以现金收款需要盖"现金收讫"章，是因为收款方式存在现金和银行划转两种。当然如果是客户通过银行转来的资金，对方要求开具收据的话，自然不需要盖"现金收讫"章，但公章是必不可少的。

在填开现金收款凭证时，如发生错误，应该把所有联次保留好，并盖上"作废"章，以示注销。

实训演练 3-4　小白开错收据了

这天，白小白刚从银行回来，又碰到一个来交款的。

"白姐，正好你回来了，收了 1 500 元，收据还没写好，你接力吧。"就这样，接力棒就传回了小白这里，点好了钱，正要下笔。

"邹邹，你开收据的经验太少了。"原来，邹会计把 1 月写成了"元"月。这张收据只好作废了。

小白重新翻开了收据簿新的一页，写收据，写好后将客户联送到程部长那里、记账联送到邹会计那里，一气呵成。

"小白，看来你 2014 年还没有过够。你瞧，收据日期写的还是'2014 年'。"白小白接过，定睛一看存根联，真的，在"年"的前面，还真写的是"2014"（见图 3-29）。

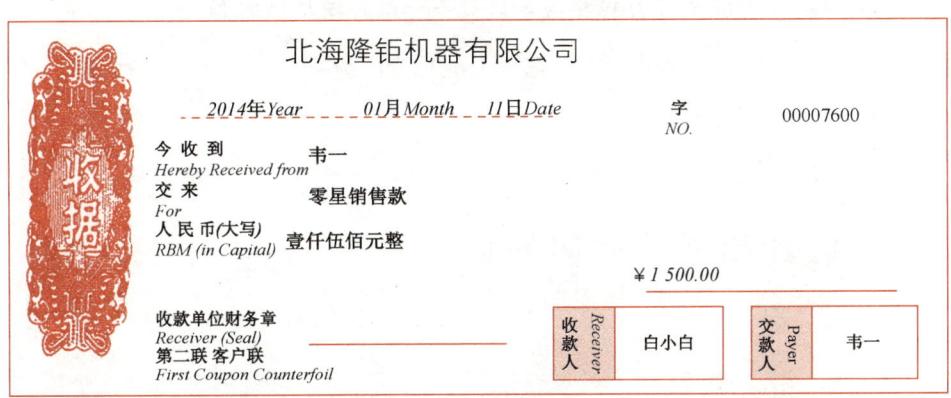

图 3-29　收据示例

白小白没有了刚才说邹邹时的那么理直气壮。有句话什么来着，先管好自己再管别人。她收回了客户联、记账联，把它们粘贴进了原来的联次中，三联都写了"作废"二字，并重新开了一张正确的收据（见图 3-30）。

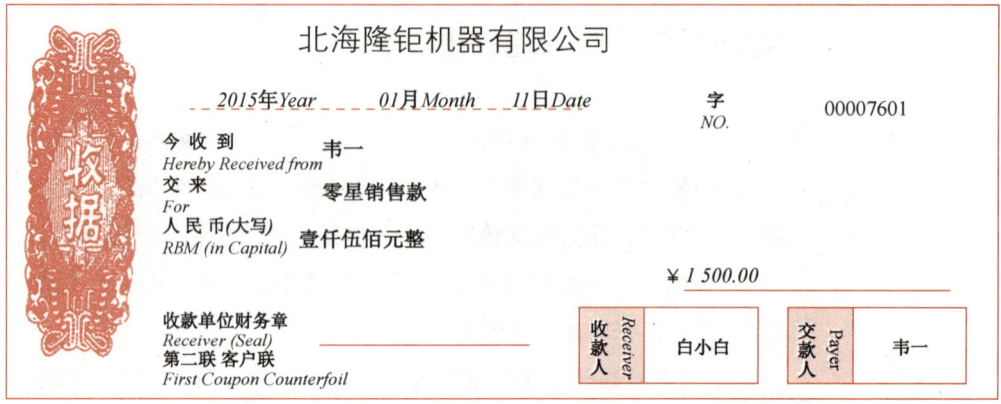

图 3-30 收据示例

> **小白如是说**
>
> "元月"的正确写法应该是"1月"。会计资料讲究准确,有数字有汉字的月份填写,前后不一致,违反一致性原则。

3.5 收到的现金如何处置

小白的做法没有错误。虽然小胖的事情很急，预支手续也很齐全，但是小白依然不能把刚刚收到的570元现金转做他用。

《现金管理暂行条例》第十一条　开户单位支付现金，可以从本单位库存现金限额中支付或者从开户银行提取，不得从本单位的现金收入中直接支付（即坐支）。因特殊情况需要坐支现金的，应当事先报经开户银行审查批准，由开户银行核定坐支范围和限额。

坐支现金是指从单位收入的现金中直接支付现金。对于个人而言，从别人那里收到的现金直接花掉无所谓。但是出纳在管理公司现金的时候，收到的现金是绝对不可以出现坐支行为的，而应将收款原封不动地存入银行账户，当然这个过程需要填写银行的缴款单（见图3-31）。

中国××银行现金缴款单

收款人户名											
收款人账号						收款人开户行					
缴款人						款项来源					
缴款日期											
金额（大写）：						千	百	十	万	千	百	十	元	角	分
券别	100元	50元	20元	10元	5元	2元	1元	5角	2角	1角
张数										

图 3-31　现金缴款单示例

现金缴款单中,要填的内容除了日期就是客户填写部分了。

(1) 收款人户名:填写单位的名称(一定要全名)。

(2) 收款人账号:填写单位在该银行的账号。

(3) 收款人开户行:填写银行名称。

(4) 缴款人:也就是经办人(日常出纳办理现金存入银行的手续写公司名称或者留空都可以)。

(5) 款项来源:按实际填写,如"存款""货款"等。

(6) 金额:一般为人民币。要注意大小写了。张数一般可以不填。

通常,出纳将现金送交银行叫作"送现",相对应的形式则称为取现(见图3-32)。

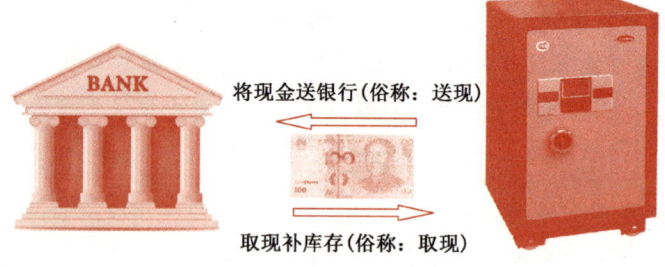

图 3-32 "送现"与"取现"示意

刚才小白收到 570 元现金,随后需要做的就是"送现",即将 570 元钞票存入公司的银行账户中。这个过程恰恰是取现补库存的反向操作。小白需要填写现金缴款单(见图3-33)。

中国××银行现金缴款单

收款人户名	智达文化有限公司				缴款日期			2015-09-18				
收款人账号	1234567890				收款人开户行			巷口支行				
缴款人	白小白				款项来源			书款收入				
金额(大写):伍佰柒拾元整					千	百	十	万	千	百	十 元	角 分
								¥	5	7	0 0	0
券别	100元	50元	20元	10元	5元		2元	1元	5角		2角	1角
张数	5			7								

图 3-33 填好的现金缴款单

出纳在进行现金收入管理时，应该掌握一定的方法，并依据现金收入管理的原则，当然，这个原则也是在现金收入程序的基础上产生的（见图3-34）。

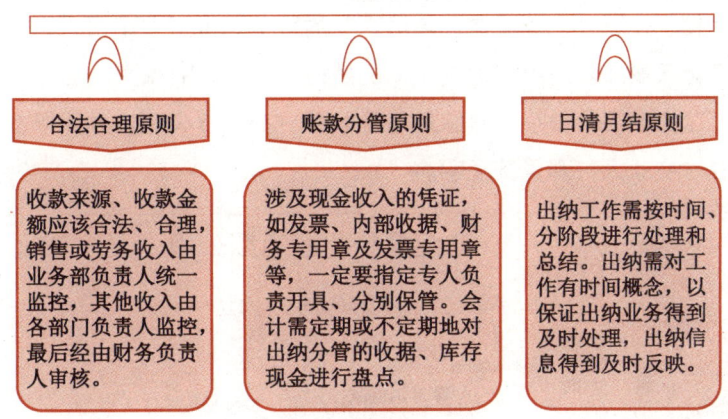

图 3-34 现金收款管理原则

实训演练 3-5　小白收到零星货款

"如果让欧洲人加班，那几乎是不可能的；如果让美国人加班，必须认真地给他讲清楚加班补贴和调休等相关政策，他才有加班的可能；如果让中国人加班，有加班补助的话，他就早已感激涕零了。"

2015年1月11日，周日，对于单休的白小白来说，这个周末又泡汤了，既不能睡到自然醒，又不能懒懒地窝沙发……本来周六正常上班对于财务部来说已经是不太正常了，银行对公、税务局都不办理业务，白小白纵然心里千百个不愿意，也没有反抗，看来还是抵不过双倍加班费的诱惑啊。

既然上班了，就要有个上班的样子，白小白很快地调整好工作状态。

"小白，收韦老板货款 1 500 元。"小黄路过了出纳室，正拿着"发货单"到财务老大那里盖章呢。按理说，白小白应该是看到送货单才收款写收据的。可是,这个一般来说不会出错的,毕竟是收款不是付款,收款嘛——只要是最后补完手续都可以了。

收零星货款,对于白小白来说已经是习以为常了,唱收唱付更是游刃有余。白小白经常跑银行,很满意银行"站相迎、笑相问、双手接、快速办、双手递、热情送"的服务态度,白小白也把这十八字记于脑海。所以刚过试用期的她得到了大家的点赞。

收完款后,白小白熟练地写了收据(见图3-35),并要求交款人在"交款人"那里签了字。

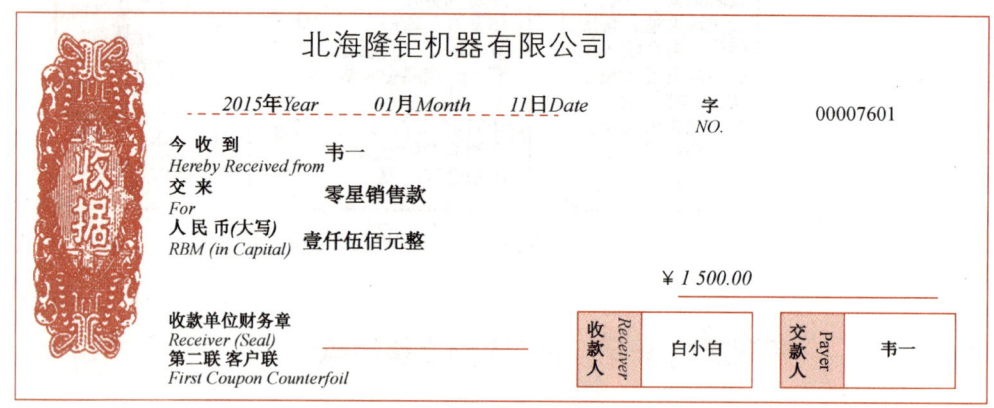

图3-35 收据

这时候,小黄也拿着盖好章的"发货单"(见图3-36)过来了。

"收据"有三联,除了存根联不需盖章外,剩下的客户联、记账联都得盖章的。随后,白小白就拿着"发货单"及刚撕下的"收据"客户联到财务老大那里盖章了。

客户联自然是给客户的呢。盖好章后,白小白就双手递给了韦老板那张收据。

最后,白小白撕下了记账联,并与发货单一起别好交给会计做账。哪知道,会计邹邹早已把记账凭证(见图3-37)给写好了。

末了,白小白就收到了做好的凭证一份,包括:记账凭证、收款收据、送货单。当然,记账凭证在上面、原始凭证在下面。这里,记账凭证右下角的"领/缴款人"不签字也是可以的,毕竟钱已收妥了。

北海隆钜机器有限公司发货单

发货时间	2015/01/11	合同编号	无	发货单号	201501110051
购货单位	名　称：	韦一(个人)		联系人	韦一
	地　址：	北海市		联系电话	18207790000
序号	产品名称	型号	数量	单位	单价	总金额
1	总成	630	1	台	￥1 500.00	￥1 500.00
2						
3						
4						
5						
合计						￥1 500.00
发票说明	不用开发票					
结算方式	现金					
销货单位	名　称：	北海隆钜机器有限公司		联系人	黄诗桦
	地　址：	北海工业园		联系电话	0779-2200000

审核：黄凯芸　　发货人：甄晴　　制表：黄诗桦　　收货单位及验收人（签章）：韦一

图 3-36　发货单

记账凭证　　　　　　　　　第　号

单位：北海隆钜机器有限公司　　2015年01月11日

摘要	总账科目	明细科目	记账	借方 十亿千百十万千百十元角分	贷方 十亿千百十万千百十元角分	
销售总成	库存现金			1 5 0 0 0 0		附件2张
销售总成	主营业务收入				1 2 8 2 0 5	
销售总成	应交税费				2 1 7 9 5	
合计				￥1 5 0 0 0 0	￥1 5 0 0 0 0	

会计主管：　　　记账：　　　出纳：　　　审核：　　　制单：邹笑荔　　　领款人：

图 3-37　记账凭证

实训演练 3-6　小白把当天收到的现金存进银行

白小白把时间安排得很合理：下午 4 点半，开始每天的最后一次"跑银行"，把当天收到的现金存进银行。白小白从保险柜把当天收到的 6 000 元货款整理好，顺手拿了一张"现金缴款单"（见图 3-38）。

	中国农业银行现金缴款单															
				年　　月　　日						序号：						
客户填写部分	收款人户名		北海隆钜机器有限公司													
	收款人账号		20-705101040088888					收款人开户行		中国农业银行股份有限公司北海分行						
	缴款人							款项来源								
	币种	人民币 ✓	大写：						亿	千	百	十	万	千	百	十	元	角	分
		外币															
	券别	100元	50元	20元	10元	5元	2元	1元	5角	2角	1角	辅币（金额）				
	张数															
银行填写部分	日期：			日志号：			交易码：			币种：						
	金额：			终端号：			主管：			柜员：						

图 3-38　现金缴款单

现金缴款单在银行大厅或柜台都有拿的，不用购买。每次白小白总会很快地填好现金缴款单，不用说，方法很重要。原来，白小白已经在电脑里设置好了打印格式，所以每次拿回来空白的"现金缴款单"后，有时间的话总会先打印好已经设置好的收款人户名、收款人账号及收款人开户行。

所以每次填写现金缴款单，白小白只需填写缴款日期、缴款人、款项来源及金额就可以了。填写现金缴款单不像现金支票那么麻烦，写错了重写就是。日期当然是填写当天的日期了，当然，也可以留空，到了柜台再写；单位现金存入的话，缴款人就写单位名称，现在就是把当天收到的钱存进银行，缴款单位就写上"北海隆钜机器有限公司"；款项来源就根据实际的来填写，6 000 元是实际收到的货款，所以款项来源填上"货款"；最后就是金额大小写，券别张数可写可不写。

不出 1 分钟，白小白就把现金缴款单填好了（见图 3-39）。

中国农业银行现金缴款单

2015 年 01 月 17 日　　　　　　　　　序号：

客户填写部分	收款人户名	北海隆钜机器有限公司											
	收款人账号	20-705101040088888				收款人开户行	中国农业银行股份有限公司北海分行						
	缴款人	北海隆钜机器有限公司				款项来源	货款						
	币种	人民币 ✓	大写：陆仟圆整				亿	千百十万	千	百	十	元	角 分
		外币						￥	6	0	0	0	0 0
	券别	100元	50元	20元	10元	5元	2元	1元	5角	2角	1角	辅币(金额)	
	张数	60											
银行填写部分	日期：		日志号：		交易码：			币种：					
	金额：		终端号：		主管：			柜员：					

图 3-39　填好的现金缴款单

白小白总会在下午 4 点 45 分前到达银行，把业务办完。业务办完也没别的事，虽然来路无可眷恋，但不得不按来路返回公司了。"上班时间外出办私事者，一经发现，即扣除当月全勤奖，并给予警告一次的处分。"即使没这条规定，白小白也不会办私事。

回到公司，5点刚过，会计邹邹已经把做好的凭证放在了白小白办公桌上（见图3-40）。

记账凭证　　　　　第　号

单位：北海隆钜机器有限公司　　2015年01月17日

摘要	总账科目	明细科目	记账	借方 十亿千百十万千百十元角分	贷方 十亿千百十万千百十元角分
现金存入银行	银行存款			6 0 0 0 0 0	
现金存入银行	库存现金				6 0 0 0 0 0
合　计				¥ 6 0 0 0 0 0	¥ 6 0 0 0 0 0

会计主管　　　记账　　　出纳　　　审核　　　制单：邹笑荔　　　领款人

附件 1 张

图3-40　记账凭证

小白如是说

把能够做的事提前做好，可以大大提高工作效率。比如现金缴款单、进账单等，可以事先把户名、账号、开户行填好。

3.6　现金盘点与账不符是什么原因

出纳每天结束工作，最后一件事就是盘点库存现金。也就是把库存现金的钱数一遍。如果能与现金日记账对上，说明一天现金管理工作可以画上圆满句号了；如果出现不符的情形，就必须查清原因。

现金除了正常的盘点外，还有一种叫作抽盘，就是事先不通知出纳的情况下突击进行。不管哪一种盘点，其流程都一样（见表3-1）。

表 3-1　　　　　　　　正常盘点与抽盘区别

盘点	正常盘点	抽盘
时间	下班前，登账完毕并结出余额。	不规定，要出纳停止办理业务。
流程	出纳将保险柜中现金取出，分门别类整理好。	
	出纳自行盘点、记录。	出纳盘点，如果是抽盘的，由监盘人做好记录。
核对	实际盘点数应该与账面数相符，如果有未登账情况，应按"库存现金实有数＋未登账的付款凭证金额－未登账的收款凭证金额＝现金日记账账存余额"的公式进行核对。	
签字	根据需要出具《现金盘点表》，并由相关人员签字。	

出纳对账的结果只有一个——一定要对得上（除了找零的角、分）。但也避免不了例外，所有的库存现金盘盈或盘亏在查实了账证相符、账账相符后，都会有原因，主要还是出现了有些会计习惯汇总做账的情形（见图3-41和图3-42）。

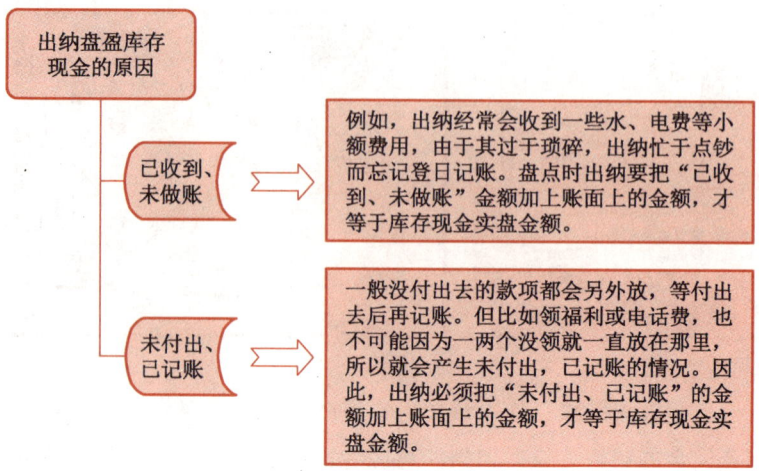

图 3-41　出纳盘盈库存现金的原因

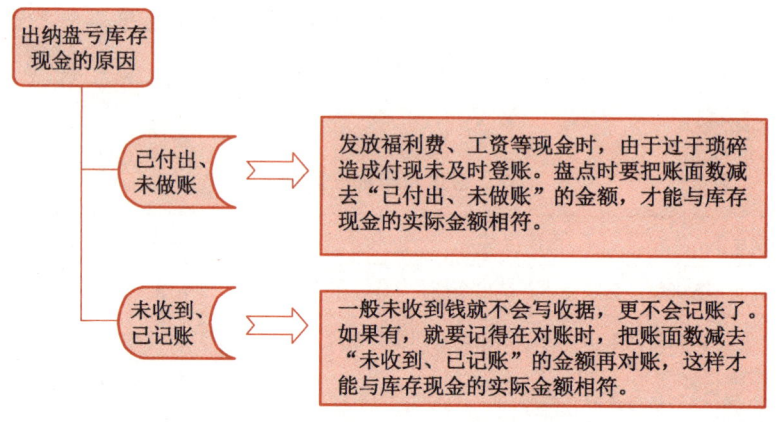

图 3-42　出纳盘亏库存现金的原因

实训演练 3-7　小白填写现金盘点表

现金盘点简单，填写现金盘点表就更简单了，把日期、盘点的数据、账上的数据填上就完成了。一般抽盘的话是在出纳没准备的条件下进行的，所以还要把已收、已付、未记账的情形给填上。白小白填写好的现金盘点表如图 3-43 所示。

北海隆钜机器有限公司财务中心现金盘点表

盘点时间：2015年04月23日

盘点面值	盘点数量	盘点金额	备注
100元	8	800.00	
50元	3	150.00	
20元	4	80.00	
10元	6	60.00	
5元	3	15.00	
2元		—	
1元	1	1.00	
0.5元	5	2.50	
0.1元		—	
盘点金额合计		1 108.50	
当日现金账面余额		1 408.29	
加：已收未入账		2 000.00	
减：已付未入账		2 300.00	
调整后账面余额		1 108.29	
差异金额		0.21	

审核人： 　　　　　盘点人： 　　　　　出纳：白小白

现金管理要求：
1. 出纳每日自盘1次，做到账实相符。
2. 主管会计每月应不定期抽查盘点不得少于5次，发现问题当天报告财务经理。财务经理应立即处理事件。
3. 财务经理每月应不定期抽查盘点不得少于1次，发现问题及时整改。

图 3-43　现金盘点表

　　白小白将现金盘点表打印出来并签上名字后，将其交给会计方圆，她审核后签个字就 OK 了。其实出纳做好了，这个现金盘点表就是个形式而已。

第 4 章

原来这就是"跑银行"
——银行账户的种类与转账结算

4.1 基本户到底有多重要

小白男友唱了王力宏的经典歌曲《唯一》，小白感觉非常幸福。她要让男友把她当作生命中的唯一，好比银行存款的基本账户。Why？这里先卖个关子。

> **小白如是说**
>
> 　　从《奔跑吧兄弟》到《奔跑吧小苹果》，大家一直在路上。出纳早就步入了奔跑的行列了，因为其始终游走在公司与银行的路上。

和个人储蓄不同，经常去银行的出纳都知道，取号排队时都有对公业务与储蓄业务之分。出纳跑银行，主要是去办理对公业务了。当然，银行也有专门的对公服务柜台。

公司的银行存款账户主要分为四种（见图4-1）。

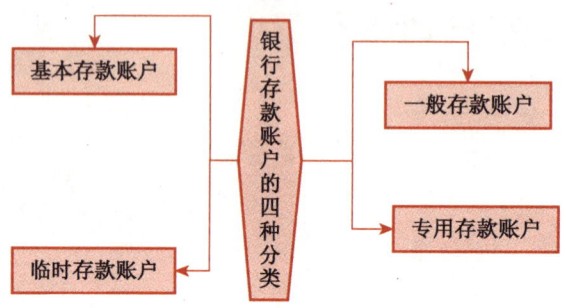

图 4-1　银行存款账户的四种分类

在这四种账户中，最重要的当属基本存款账户！而且一家公司只能在银行开设一个基本存款账户。这也是为什么小白要让男友将自己当作"银行基本存款账户"的原因。

基本存款账户简称基本户，顾名思义就是最基本的存款账户，其特征如图4-2所示。

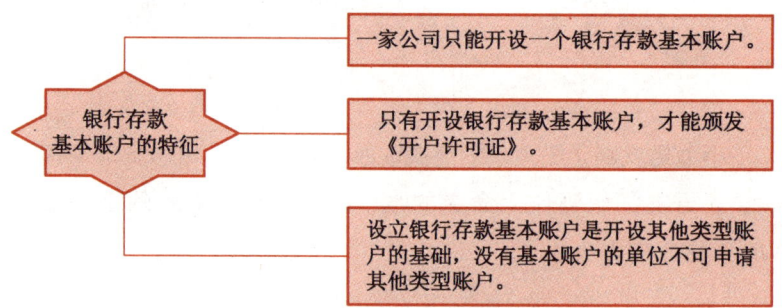

图 4-2　银行存款基本账户的特征

那么，《开户许可证》是什么呢（见图4-3）？

也就是说，一家公司进行工商注册完成后，要去银行开设银行存款基本账户。该账户最终要由中国人民银行，也就是中国央行审

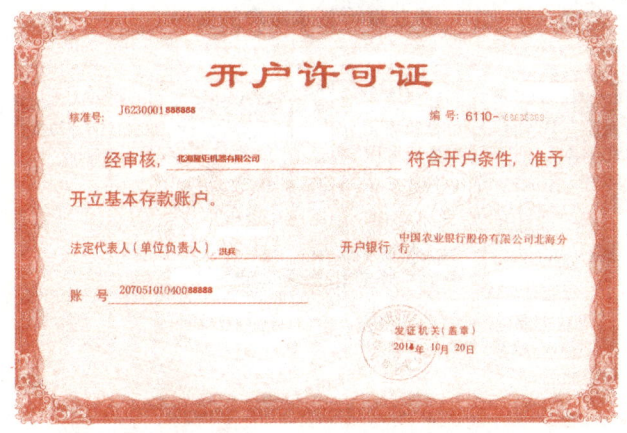

图 4-3　开户许可证示意图

批。那么中国人民银行有什么特点呢（见图 4-4）？

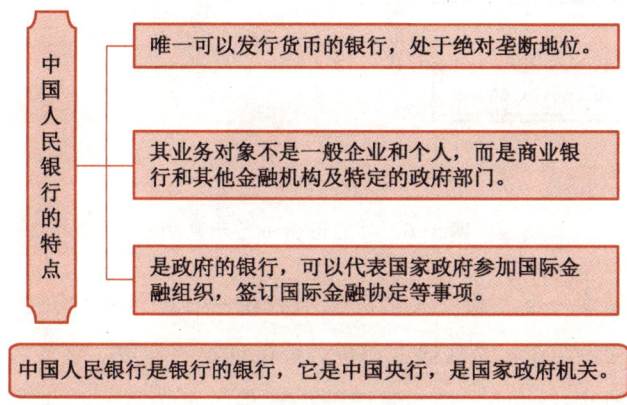

图 4-4　中国人民银行的特点

那么，开立基本账户需要哪些资料呢？现如今，开立银行基本账户的手续越来越简便，大体需要如下资料（见图 4-5）。

"三证合一"的营业执照其实就是我们过去常说的营业执照、税务登记证和组织机构代码证。从 2015 年 10 月 1 日以后，我国全国范围内实施"三证合一"政策，国家不再发放企业组织机构代码证和税务登记证（见 4-6）。

实行"三证合一、一照一码"改革之后，企业将由工商行政管

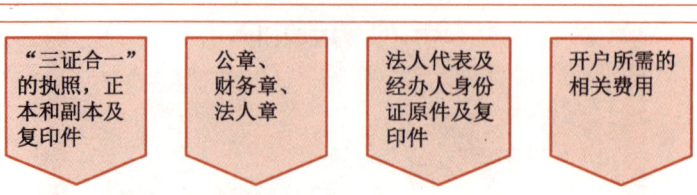

图 4-5　开立银行基本账户的资料

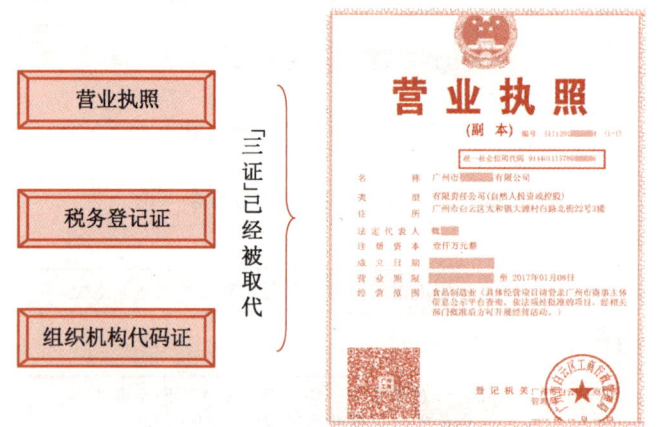

图 4-6　"三证合一"示意图

理部门核发一个加载法人和其他组织统一社会信用代码的营业执照，企业的组织机构代码证和税务登记证不再发放。企业原需要使用组织机构代码证、税务登记证办理相关事务的，一律改为使用"三证合一、一照一码"改革后的营业执照办理。

　　对于出纳而言，去银行开设基本户拿着"三证合一"的营业执照正副本就可以了。

　　至于开设基本户的费用各银行不一样，并且多数银行还会收取年费。费用不会低于 700 元。

　　当然除了企业法人外，也有其他机构或组织可以在银行开设基本户。根据《人民币银行结算账户管理办法》第十七条规定，针对不同的机构，提供的资料也有所不同（见表 4-1）。

表 4-1　　　　　　　　不同机构开户提供的资料

机构	开户提供的资料
企业法人	应出具企业法人营业执照正本。
非法人企业	应出具企业营业执照正本。
机关和实行预算管理的事业单位	应出具政府人事部门或编制委员会的批文或登记证书和财政部门同意其开户的证明；非预算管理的事业单位，应出具政府人事部门或编制委员会的批文或登记证书。
军队、武警团级（含）以上单位以及分散执勤的支（分）队	应出具军队军级以上单位财务部门、武警总队财务部门的开户证明。
社会团体	应出具社会团体登记证书，宗教组织还应出具宗教事务管理部门的批文或证明。
民办非企业组织	应出具民办非企业登记证书。
外地常设机构	应出具其驻在地政府主管部门的批文。
外国驻华机构	应出具国家有关主管部门的批文或证明；外资企业驻华代表处、办事处应出具国家登记机关颁发的登记证。
个体工商户	应出具个体工商户营业执照正本。
居民委员会、村民委员会、社区委员会	应出具其主管部门的批文或证明。
独立核算的附属机构	应出具其主管部门的基本存款账户开户许可证和批文。
其他组织	应出具政府主管部门的批文或证明。

刚才我们讲了基本账户的一些知识，那么基本账户的开立流程如何呢（见图 4-7）？

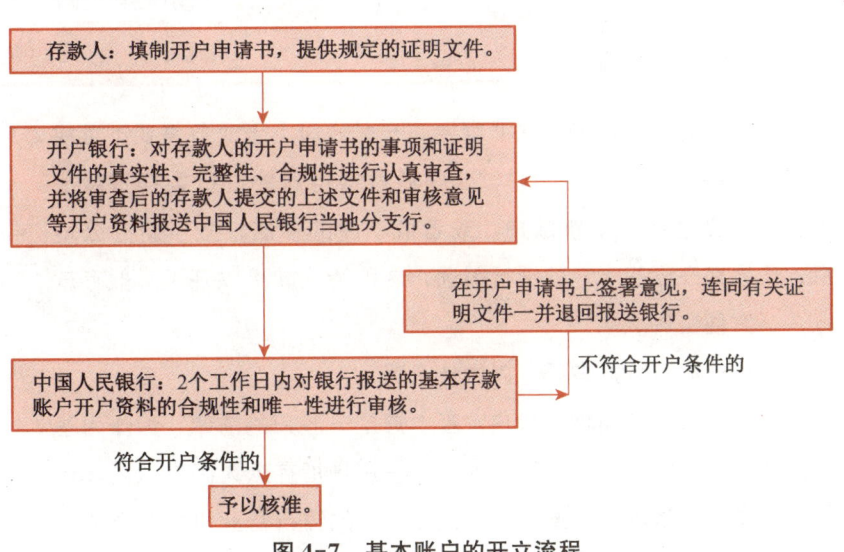

图 4-7　基本账户的开立流程

第 4 章　原来这就是"跑银行"——银行账户的种类与转账结算

4.2 一般存款账户如何使用

小白的同事张姐的办法非常棒。一家公司由于业务需要不可能仅有一个银行账户。比如说，公司通过银行对外进行委托贷款业务，势必要建立一个新账户。或者像小白的书店，搬了新办公地点，离原来开设基本户的银行很远，这种情况就可以开设一般存款账户，方便工作。

那么一般存款账户都可以做什么呢？

一般存款账户简称一般户，基本户是一般户的前辈，但作为基本户后生的一般户，也不容小视。一般户是指存款人因借款或其他结算需要，在基本存款账户开户银行以外的银行营业机构开立的银行结算账户（见图4-8）。

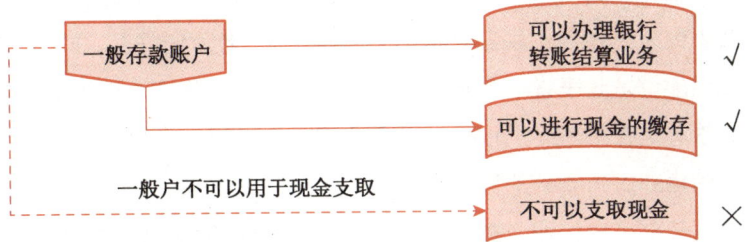

图 4-8　银行存款一般账户的作用

存款人开立一般存款账户没有数量限制，存款人可自主选择。但是，需要明确的是，一般存款账户不能在存款人基本存款账户的开户银行开立。一般存款账户的开立流程如图 4-9 所示。

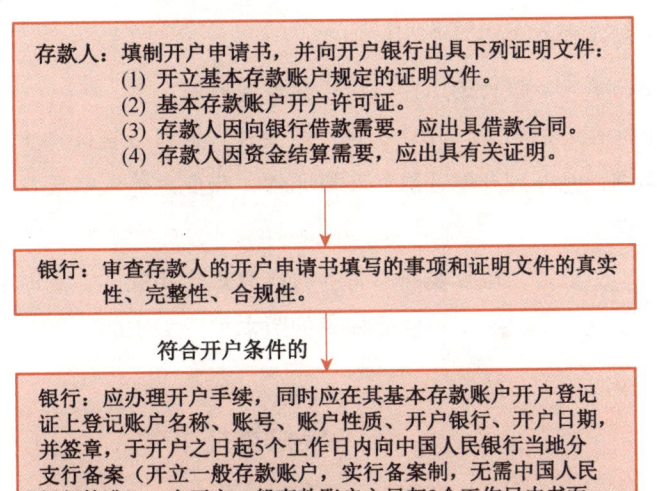

图 4-9　一般账户的开立流程

实训演练 4-1　公司办个一般户

开会的过程，就是一个发现问题、解决问题的过程。"一切按制度办！"这是每次开财务会议必须提到的。没有规矩，不成方圆。可是这次财务会议的总结是——特殊情况，特殊处理。

现在，轮到白小白发言了。对于做过财务主管、有过会场经验的白小白来说，会上发言算是小菜一碟了。"老师们好"，白小白总是很谦虚，站起来说了自己的想法："我有个小建议，以前服务站的钱款总是在下午5点以后才交到财务，5点银行已经下班了。最好把销售部每天收到的钱都存入公司的账户上。"

没等白小白说完，黄姐就接上了："站着说话不腰疼，收到的钱你们叫我们存入银行，而服务站的附近：湾行、信用社、邮政储蓄、工行……貌似除了农行，其他行都有。"销售部就是销售部，能说会道，而且还很有道理。

最后的决定是：财务部去开个一般户。

……

公司决定在工行开个一般户了。

小白事先与银行的工作人员小徐取得联系。

小徐在电话中说，开立一般户需要开户许可证复印件1份，开户申请书，经办人身份证原件及复印件，除此之外还需要授权委托书和申请书。

白小白记得，授权委托书有的银行有规定格式的，到时候直接到银行填就行了，工行授权委托书的版本见图4-10。

授权委托书

中国工商银行北海支行：现授权_____，身份证号：_____前去贵行办理我公司开户相关事宜，授权人_____（法人）。

授权日期：

单位（公章）：

法人（章）：

申请日期：

图4-10　授权委托书

申请书可用电脑打印一份或者手写一份，但必须都加盖公章才有效（见图4-11）。

申请书

中国工商银行北海支行：

　　兹有北海隆钜机器有限公司为便于业务结算，需要在贵行开设一个一般账户，特此申请，望予以批准。

　　　　　　　　　　　　　　　申请人：北海隆钜机器有限公司
　　　　　　　　　　　　　　　申请日期：2015年01月06日

图4-11　申请书

小白如是说

　　开立一般户的资料——①开立基本存款账户规定的证明文件。②基本存款账户开户许可证。③存款人因向银行借款需要，应出具借款合同。④存款人因资金结算需要，应出具有关证明。

4.3　临时存款账户与专用存款账户各有什么作用

在实际工作中,最常见的银行账户除了基本户和一般户外,还有存在两种账户,分别是临时存款账户和专用存款账户。例如,过去公司在进行工商注册的时候需要进行验资,投资人需要将款项存在银行的临时存款账户,工商注册流程完成后,公司的临时存款账户可以转为基本存款账户。又如,公司的工会经费需要开设专用存款账户,作为工会经费专款专用的账户。再如,农业项目财政拨款的"实行专人管理,专户储存,专账核算"更是要求公司开设专用存款账户。

> 《人民币银行结算账户管理办法》第十四条 临时存款账户是存款人因临时需要并在规定期限内使用而开立的银行结算账户。有下列情况的,存款人可以申请开立临时存款账户:
> (一)设立临时机构。
> (二)异地临时经营活动。
> (三)注册验资。

企业可以通过临时存款账户办理转账结算和根据国家现金管理的规定办理现金收付。开设临时存款账户,需要提供资料其实也并不复杂。

> 《人民币银行结算账户管理办法》第二十一条 存款人申请开立临时存款账户,应向银行出具下列证明文件:
> (一)临时机构,应出具其驻在地主管部门同意设立临时机构的批文。
> (二)异地建筑施工及安装单位,应出具其营业执照正本或其隶属单位的营业执照正本,以及施工及安装地建设主管部门核发的许可证或建筑施工及安装合同。

（三）异地从事临时经营活动的单位，应出具其营业执照正本以及临时经营地工商行政管理部门的批文。

（四）注册验资资金，应出具工商行政管理部门核发的企业名称预先核准通知书或有关部门的批文。

本条第（二）（三）项还应出具其基本存款账户开户登记证。

开设临时存款账户的流程与其他账户是一样的，都是根据我国《人民币银行结算账户管理办法》的规定（见图4-12）。

> 存款人：填制开户申请书，提供规定的证明文件

> 银行：应对存款人的开户申请书填写的事项和证明文件的真实性、完整性、合规性进行认真审查；银行应将存款人的开户申请书、相关的证明文件和银行审核意见等开户资料报送中国人民银行当地分支行，经对申报资料进行合规性审查，并核准后办理开户手续。

图4-12 临时存款账户的开立流程

银行在办理临时存款账户开户手续的同时，应在其基本存款账户开户许可证上登记账户名称、账号、账户性质、开户银行、开户日期，并签章。但临时机构和注册验资需要开立的临时存款账户除外。银行自开立临时存款账户之日起3个工作日内应书面通知基本存款账户开户银行。

专用存款账户的特别之处在于"专"——专款专用、专项管理，它是存款人按照法律、行政法规和规章，对其特定用途资金进行专项管理和使用而开立的银行结算账户。专用存款账户是可转账结算和现金收付的。

那么，在哪种情况下可开立专用存款账户呢（见图4-13）？

收入汇缴资金和业务支出资金是指基本存款账户存款人附属的非独立核算单位或派出机构发生的收入和支出的资金。

因收入汇缴资金和业务支出资金开立的专用存款账户，应使用隶属单位的名称。开立专用存款账户的流程如图4-14所示。

《人民币银行结算账户管理办法》第十三条 对下列资金的管理与使用，存款人可以申请开立专用存款账户：
（一）基本建设资金。
（二）更新改造资金。
（三）财政预算外资金。
（四）粮、棉、油收购资金。
（五）证券交易结算资金。
（六）期货交易保证金。
（七）信托基金。
（八）金融机构存放同业资金。
（九）政策性房地产开发资金。
（十）单位银行卡备用金。
（十一）住房基金。
（十二）社会保障基金。
（十三）收入汇缴资金和业务支出资金。
（十四）党、团、工会设在单位的组织机构经费。
（十五）其他需要专项管理和使用的资金。

图 4-13 开立专用存款账户的资金类型

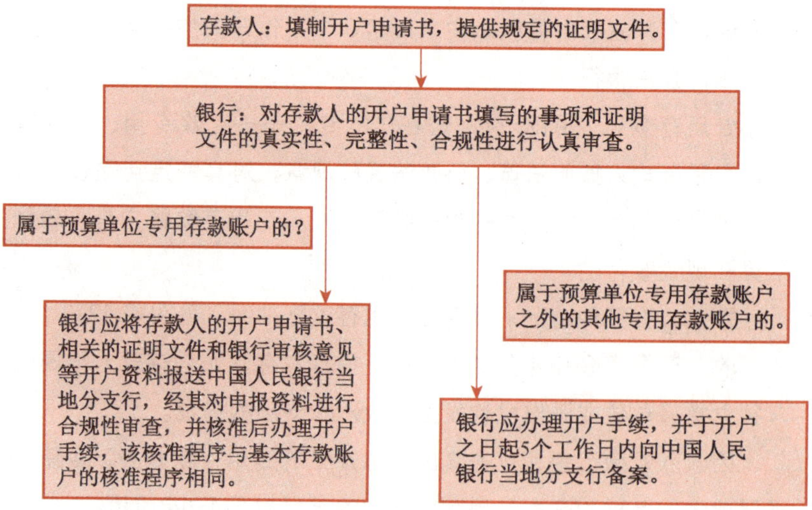

存款人：填制开户申请书，提供规定的证明文件。

银行：对存款人的开户申请书填写的事项和证明文件的真实性、完整性、合规性进行认真审查。

属于预算单位专用存款账户的？

银行应将存款人的开户申请书、相关的证明文件和银行审核意见等开户资料报送中国人民银行当地分支行，经其对申报资料进行合规性审查，并核准后办理开户手续，该核准程序与基本存款账户的核准程序相同。

属于预算单位专用存款账户之外的其他专用存款账户的。

银行应办理开户手续，并于开户之日起5个工作日内向中国人民银行当地分支行备案。

图 4-14 开立专用存款账户的流程

银行在办理专用存款账户开户手续时，同时应在其基本存款账户开户登记证上登记账户名称、账号、账户性质、开户银行、开户日期，并签章，自开立专用存款账户之日起3个工作日内书面通知基本存款账户开户银行。

4.4 银行账户的后续管理有哪些

我们在银行开立完账户后，银行账户的管理与维护也是一项非常重要的工作。这包括银行账户的年检、变更、注销等事项。

银行账户年检是指开户银行按年度根据存款人提交的账户年检资料，对已开立的人民币单位银行结算账户的合规性、合法性和账户信息、账户资料的真实性、有效性进行审核确认，同时与人民币银行结算账户管理系统中已存信息进行比对，确认是否相符，并在账户系统中标注年检标识的行为（见图 4-15）。

银行账户年检程序及注意事项

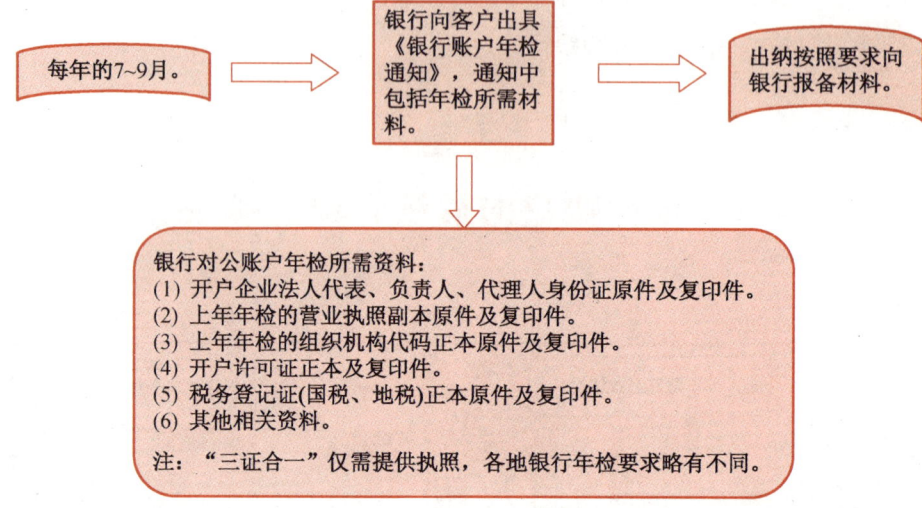

图 4-15　银行账户年检程序及注意事项

现在，也有部分地区可以在网上进行账户年检了，登录平台填写相关资料并上传相关证件，直接在网上提交至银行审核。这大大减少了出纳"跑银行"的次数。

公司在经营过程中，难免会出现诸如名称、法人代表等基础事项的变更。出现这些变化后，银行存款账户中的一些基础信息也需要与工商、税务部门保持一致（见图 4-16）。

需要到开户银行变更账户信息的事项

| 存款人的账户名称变更 | 法定代表人或主要负责人变更 | 地址、邮编、电话变更 | 注册资金等信息变更 |

图 4-16　需要到开户银行变更账户信息的事项

出纳需要根据我国《人民币银行结算账户管理办法》的相关规定来办理银行账户信息的变更。

《人民币银行结算账户管理办法》第四十六条 存款人更改名称,但不改变开户银行及账号的,应于5个工作日内向开户银行提出银行结算账户的变更申请,并出具有关部门的证明文件。

《人民币银行结算账户管理办法》第四十七条 单位的法定代表人或主要负责人、住址以及其他开户资料发生变更时,应于5个工作日内书面通知开户银行并提供有关证明。

《人民币银行结算账户管理办法》第四十八条 银行接到存款人的变更通知后,应及时办理变更手续,并于2个工作日内向中国人民银行报告。

银行销户即撤销银行账户,是指存款人因某些原因而终止银行结算账户使用的行为。那么销户的情形有哪些呢(见图4-17)?

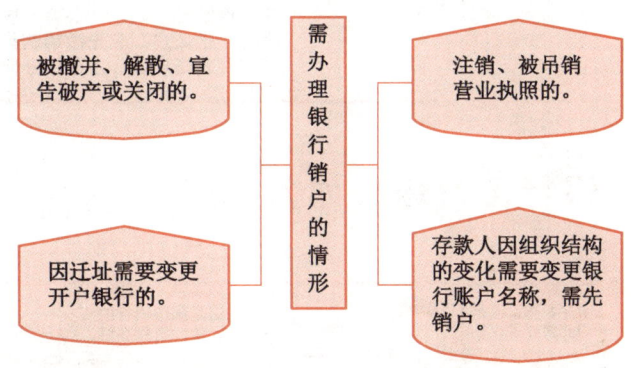

图4-17 需办理银行销户的情形

小白如是说

银行对账户的管理包括人民银行的管理与开户银行的管理两方面的内容。出纳要做的,就是熟悉以上内容,并配合银行,做好开立、变更、撤销、年检、对账等业务,以免办理银行结算业务时出现这样那样的绊脚石。不要让你的账户"睡"(睡眠户)了。

对于不同的情形,销户的办理也有不同(见表4-2)。

表 4-2　　　　银行账户销户情况和办理方法

销户情形	销户时间	销户办理
被撤并、解散、宣告破产或关闭的；注销、被吊销营业执照的。	于5个工作日内向开户银行提出撤销银行结算账户的申请。	存款人：填写撤销银行结算账户申请书并加盖单位公章、预留银行印鉴等。 核对：必须与开户银行核对银行结算账户存款余额，交回各种重要空白票据及结算凭证和开户许可证。
因迁址需要变更开户银行的；其他原因需要撤销银行结算账户的。	撤销基本存款账户后，需要重新开立基本存款账户的，应在撤销其原基本存款账户后10个工作日内申请重新开立基本存款账户。	银行：银行在收到存款人撤销银行结算账户的申请后，对于符合销户条件的，应在2个工作日内办理撤销手续。 注：撤销时，如还开办有一般存款账户、专用存款账户、临时存款账户，应先撤销这些账户并将账户中的资金转入基本存款账户后，才可以办理基本存款账户的撤销。

4.5　银行预留印鉴如何管理

银行账户开立过程中一个重要步骤是预留印鉴,那么预留银行印鉴包括什么呢(见图4-18)?

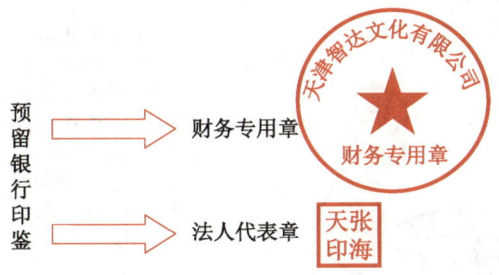

图4-18 预留银行印鉴示意

> **小白如是说**
>
> 在通常情况下,财务专用章是圆形的,法人代表章是方形的。这一圆一方两枚章不禁让我们联想到那句话:无规矩不成方圆!从这一点也可以看出财务工作需要缜密与严谨!

这两枚章刻好后,公司应将其在银行进行备案。开户行会提供一张"银行预留印鉴卡片",公司在该卡片上面要盖上财务专用章与法人代表章,然后将其交回开户银行。银行通过电子扫描将卡片上的预留印鉴扫到电脑系统中,以后出纳每次提现、转账都需要通过电子设备来验证支票上的财务专用章与法人代表章印记是否与预留印章一致,即使有一点纰漏系统都过不去,该支票要作废并重新开具。

各单位因印章使用日久发生磨损,或者改变单位名称、人员调动等原因需要更换印鉴时,应填写"更换印鉴申请书",由开户银行发给新印鉴卡。单位应将原印鉴盖在新印鉴卡的反面,将新印鉴盖在新印鉴卡的正面,并注明启用日期,交开户银行。在更换印鉴前,单位签发的支票仍然有效。

请朋友们思考一下,预留印鉴能放在出纳那里吗?

> 不是随便一个萝卜都可以作为银行预留印鉴的!

> 银行对公业务窗口都会摆放一个像装订机的机器,出纳带来的支票无论是办理进账还是转账的,只要盖了预留印鉴,都是需要在这台机器上进行电子扫描(验印鉴),如果财务章或法人章盖得不清晰或者模糊都是无法通过验证,所以为了提供办事效率,出纳在跑银行前必须对印鉴质量进行把关!

小白如是说

在具体的操作中,财务章在财务主管处保管,法人章在出纳处保管,使用的时候要登记,相关领导责任人要签字确认,以达到互相制约监督的目的。由此可见,财务工作不能图方便或依赖个人感情,一切都要以制度为先,达到相互制衡!

4.6 银行结算与现金结算的区别在哪里

> 总计24元5角整。

经济业务的发生必然伴随着资金的往来,结算的概念也由此而来。在上一章中,小白和菜农之间,一手付钱,一手交白菜,是典型的现金结算。而这次小白用借记卡结账,如同公司与供应商之间银行转账,不需动用现金(见图4-19)。

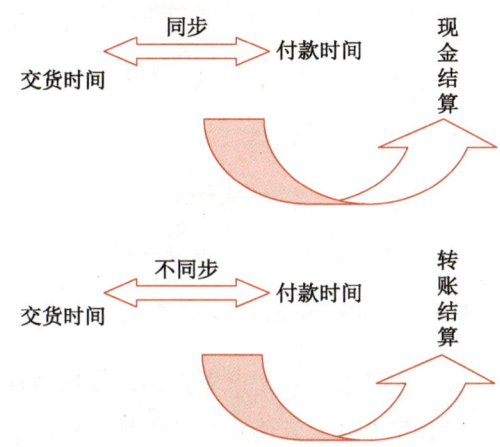

图4-19 现金结算与转账结算示意

谈及结算,目前在我国只有两种:现金结算和转账结算。转账结算当中最为重要的一个环节那就是银行。银行相当于为债权债务双方提供了一种中间业务(见图4-20)。

由转账结算的种类,足可见其重要性和复杂性,自然其也是我出纳学习的重点。在转账结算当中,最常用也是最传统的结算方式当属"三票一汇"(见图4-21)。

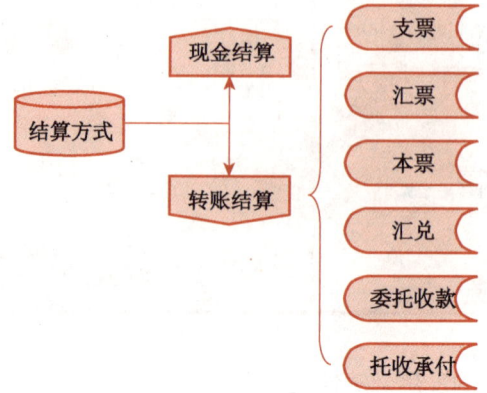

图 4-20　结算方式总结

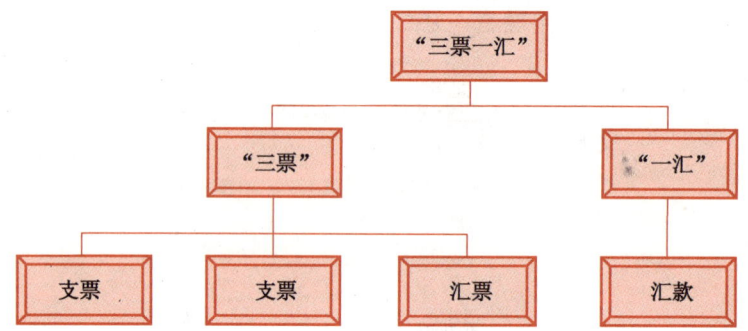

图 4-21　银行传统结算方式"三票一汇"

这一章我们就讲到这里，从下一章开始，我们将开启转账结算的精髓内容，也是出纳实务工作中最重要的核心内容。

第 5 章

用票据说话
——出纳对票据的管理

5.1 支票到底如何使用

在日常生活中，买生活日用品每天不会花费太多。百元面值的钞票足以满足人们日常消费。况且现在支付宝、微信支付、信用卡支付和银行卡划转等方式的出现，现金结算似乎成为了历史。但是也有很多公司处于过渡期，在众多结算方式中支票的使用频率还是相当高的。

小白原本觉得1000元面值的大额钞票在公司与公司之间的往来结算中会有大用处，其实并不然。在支票面前，多大面值的钞票都无意义。因为一张转账支票可能会有几百万、几千万元的面值（见图5-1）。

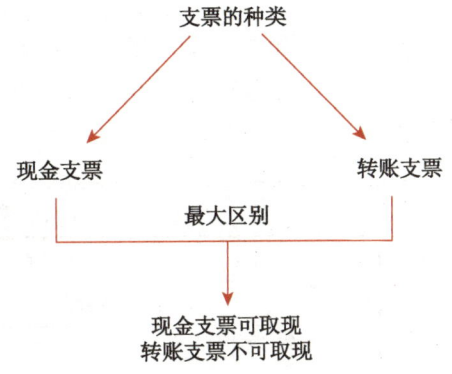

图5-1 支票种类的区分

支票被广泛应用，其特点十分明显（见图5-2）。

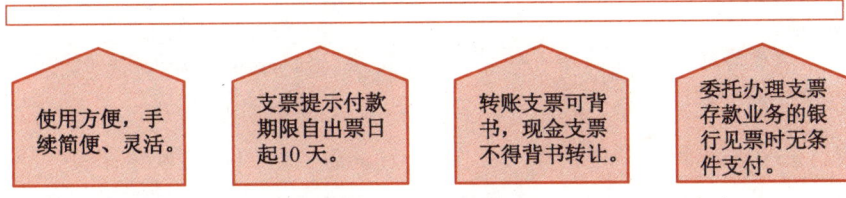

图5-2 支票的特点

作为公司的出纳，购买支票的途径是向银行提出申请。当然这里的银行是我们存款账户开设的银行（见图5-3）。

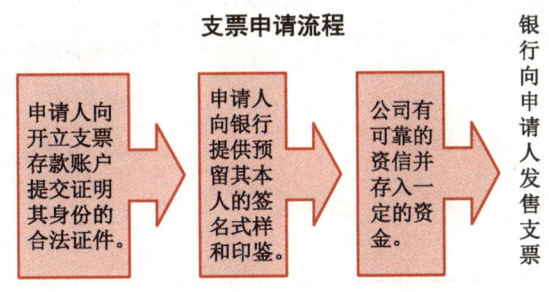

图5-3 支票申请流程

实训演练 5-1　小白购买空白支票

白小白写完了这张提取备用金的现金支票，就剩下最后一张了。所以，这次正好购买现金支票了。在每本支票的最后一页，就是领购单（见图 5-4）。

当用完此簿需再领购支票时，请填写右列的"支票领购单"并盖预留银行签章，送至本行办理，领取新支票簿。

支票领购单		年　月　日
户　名	账号	
领购数量	起讫号码　自　　号至　　号	
领用单位签章：（预留银行签章）	领购单位经办员姓名	签收
	身份证号码	
	以下银行填写：	
	经发：　　　验印：	

图 5-4　支票领购单

填支票领购单很简单，只要填户名、账号，盖上章就可以了；对于日期、领购数量、起讫号码等内容，银行会帮你填上去的。

白小白填好支票领购单（见图 5-5），盖上了银行的预留印鉴后，马上往银行跑，因为银行快下班了，要赶紧提备用金才行。

支票领购单		年　月　日
户　名　北海隆钜机器有限公司	账　号	20-705101040088888
领购数量	起讫号码　自　　号至　　号	
领用单位签章：（预留银行签章）	领购单位经办员	
	身份证号码	
	以下银行填写：	
	经发：　　　验印：	

图 5-5　填好的支票领购单

到了银行，白小白才发现，结算证忘记带了（购买支票时得用结算证的）。还好，自己跑了这么多次银行，混了个眼熟，最后银行柜员睁一只眼闭一只眼地让自己过了这一关，不然，又得白跑一趟。白小白填好支票领购单上的领购单位经办员、身份证号码后，剩下的就是银行的事了。

最后，白小白清点完购买的支票，拿了手续费的回单，这个业务就算完成了。20元！作为工本费才5元的空白支票，手续费已经是它的3倍了。说好的客户就是上帝啊，为客户服务还收费？拿上回单的那刻，白小白再次感叹——世界上没有免费的午餐。

客户回单如图5-6所示。

```
农代号：7012          中国农业银行        客户回单

                  电子银行交易回单（企业付款方）
                        2015年01月23日

        付款方户名：北海隆钜机器有限公司
        付款方账号：20-705101040088888
        付款方开户行：中国农业银行股份有限公司北海分行

        收款方户名：
        收款方账号：
        收款方开户行：农业银行广西分行

        大写金额：贰拾圆整
        小写金额：￥20.00
        交易用途：手续费
        受理渠道：              业务流水号：20150123888888888888
        集团交易标志：否
        集团交易说明：
```

图 5-6　客户回单

回到公司，白小白把这张回单给了会计邹邹做账。邹邹做的记账凭证如图5-7所示。

以前购买支票是收的现金，现在是直接从对公账上扣款，但银行回单都一样。也难怪会计会做错凭证。"邹邹，这次购支票的是用账户里直接扣款的，不用付现金。刚才忘了跟你讲了。"会计邹邹又重新做了记账凭证（见图5-8）。

第5章　用票据说话——出纳对票据的管理

记账凭证

单位：北海隆钜机器有限公司　　2015年01月23日　　　　　第　号

摘要	总账科目	明细科目	记账	借方 十亿千百十万千百十元角分	贷方 十亿千百十万千百十元角分
购买现金支票	财务费用			2000	
购买现金支票	库存现金				2000
合　计				￥2000	￥2000

会计主管：　　记账：　　出纳：　　审核：　　制单：邹笑荔　　领缴：　　款人：

附件1张

图 5-7　记账凭证

记账凭证

单位：北海隆钜机器有限公司　　2015年01月23日　　　　　第　号

摘要	总账科目	明细科目	记账	借方 十亿千百十万千百十元角分	贷方 十亿千百十万千百十元角分
购买现金支票	财务费用			2000	
购买现金支票	银行存款				2000
合　计				￥2000	￥2000

会计主管：　　记账：　　出纳：　　审核：　　制单：邹笑荔　　领缴：　　款人：

附件1张

图 5-8　记账凭证

小白如是说

会计做凭证时,出纳必须告诉会计是现金支付还是银行支付的;收到会计做的凭证也要即刻核对一下,免得最后对不上账又得重新找原因。

5.2 取现金用什么支票

从本节开始,小白就开始接触越来越多的银行结算业务了。小白第一次去银行取现就遇到这样尴尬的事情在所难免。别小看取现的过程,中间哪个环节有纰漏都会取现不成功,或者是违规取现。

> **小白如是说**
>
> 印度第一家女性银行实行的是"男人存钱、女人贷款"的政策。网上也流传一句话:"男人是女人的银行存款,随时可以提现。"所以,男人们,加油赚钱吧!

讲现金支票之前,我们先看一下现金支票的正、反面(见图5-9和图5-10)。

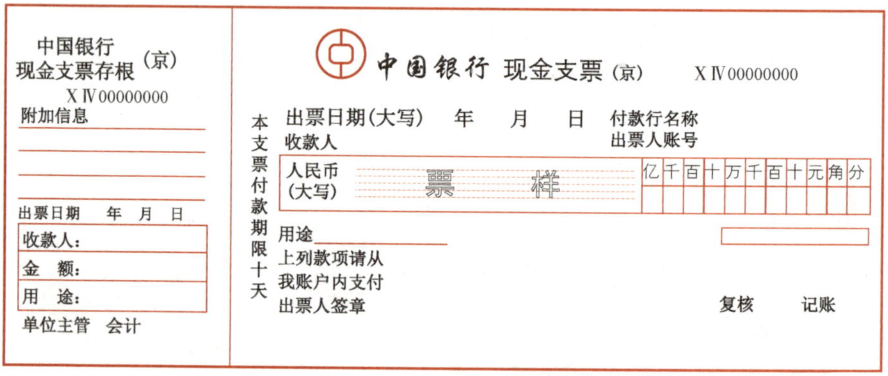

图5-9 现金支票正面

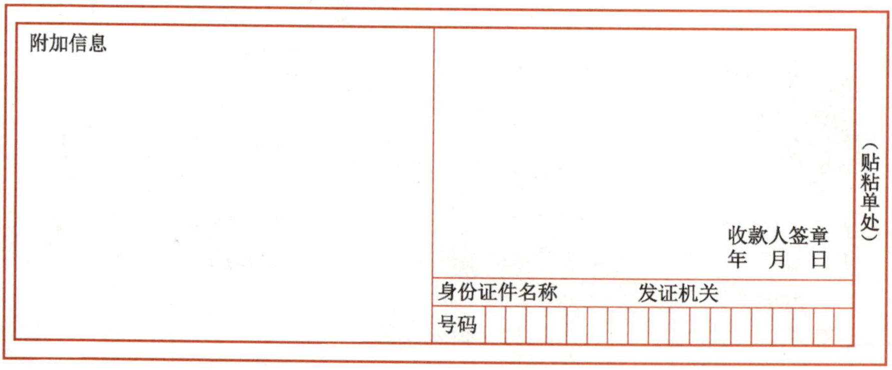

图5-10 现金支票背面

票据有的时候会等同于现金,上面每一处信息都十分重要。现金支票上至少要具备"六大信息"(见图5-11)。

我们前面提到过取现补库存,这个过程中最关键的主角就是

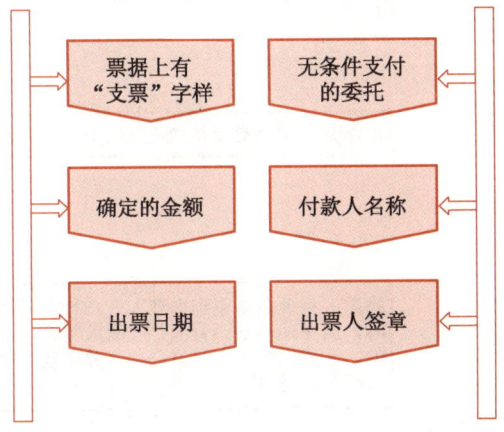

图 5-11　现金支票上必备的六大信息

"现金支票"。其支取现金的流程如图 5-12 所示。

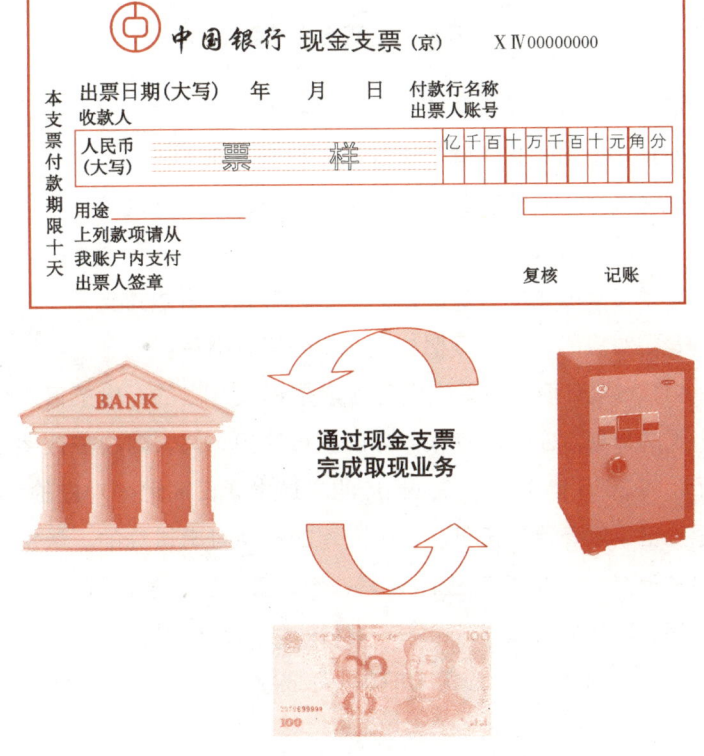

图 5-12　现金支票支取现金的流程

第 5 章　用票据说话——出纳对票据的管理

这个过程可以分解成三个环节：出票—提示付款—领取现金（见图5-13）。

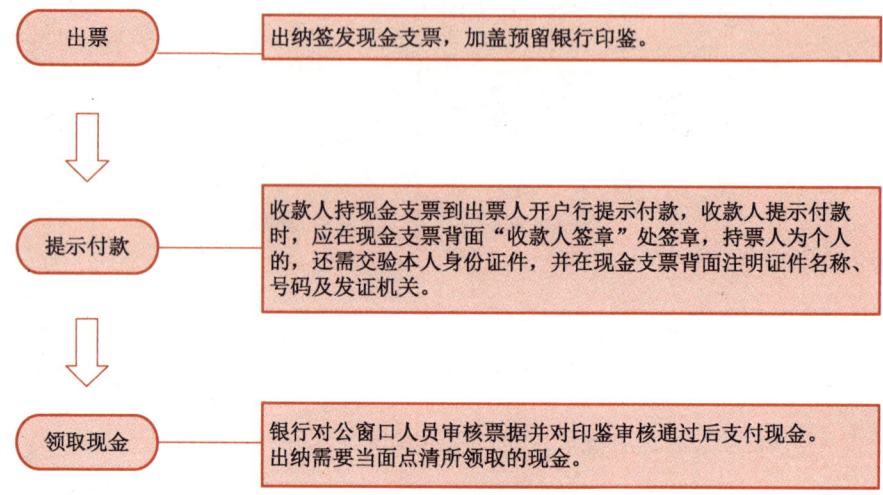

图5-13　现金支票取现三环节

这是一张填好并盖章的现金支票。大家请注意，取现的目的是补充库存，因此收款人就是出票人（见图5-14）。

现金支票正面的一些细节大家需要清楚，一一对应，不可以出现不一致的现象（见图5-15）。

现金支票的正面分两部分，左边为存根、右边为支票，两边的内容是相对应的，但是日期与金额要分清大小写。

(1) 出票日期的填写：现金支票是哪天开出的，出票日期就写哪一天的日期。左边的存根部分出票日期用小写，阿拉伯数字就可以了，如2015年1月5日。相应的右边出票日期记得对应的大写：贰零壹伍年零壹月零伍日。这个大写的日期可有讲究的。最主要的是要熟记0～10的相对应的大写：零、壹、贰、叁、肆、伍、陆、柒、捌、玖、拾。

"年"——只要对应好0～9，对应好大写的年份就可以拼出来了。

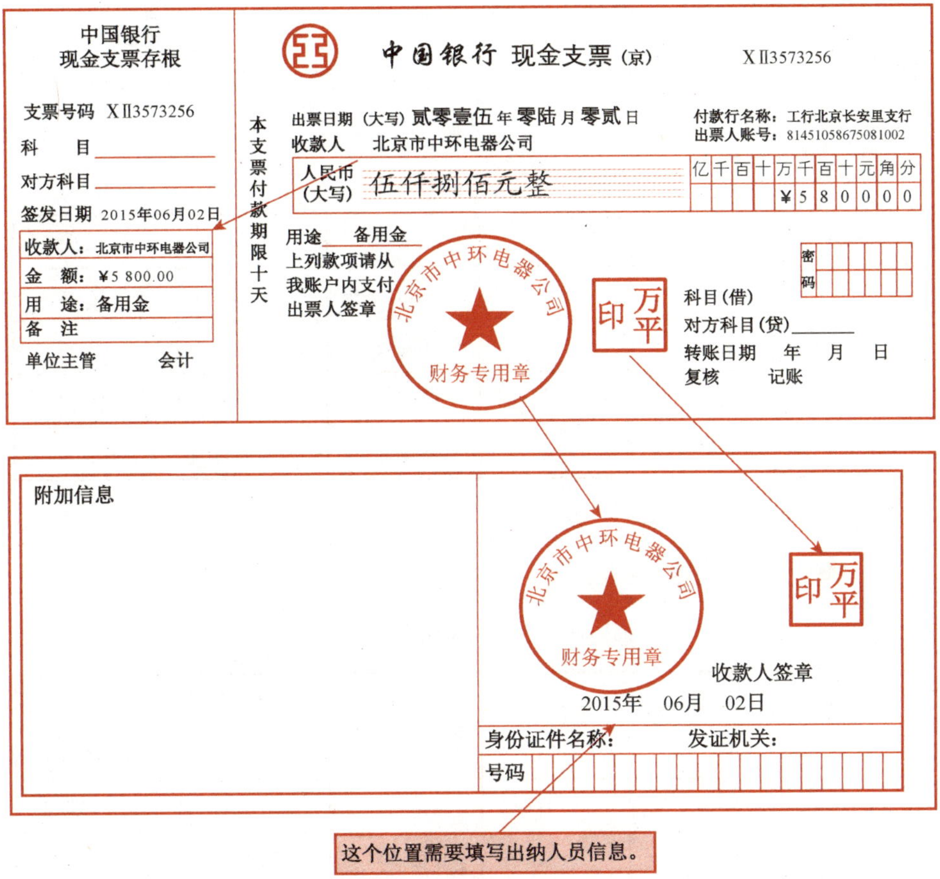

图 5-14 现金支票的填写方法

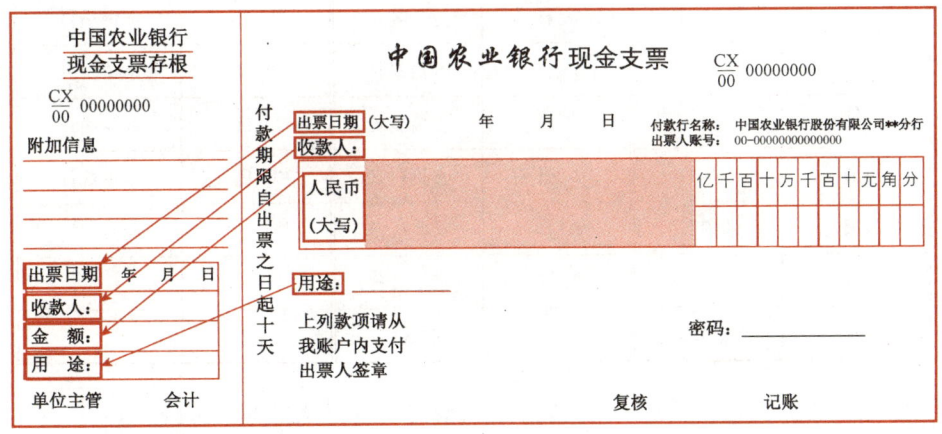

图 5-15 现金支票的一一对应之处

第 5 章 用票据说话——出纳对票据的管理

"月"——月份的话要记得：1、2、10 月对应好大写的前面"零"字必写；3~9 月对应好大写的前面"零"字可写可不写（见表 5-1）。

表 5-1　　　　　月份对应的小写和大写

小写月	大写月	小写月	大写月	小写月	大写月
1 月	零壹月	5 月	零伍月	9 月	零玖月
2 月	零贰月	6 月	零陆月	10 月	零壹拾月
3 月	零叁月	7 月	零柒月	11 月	壹拾壹月
4 月	零肆月	8 月	零捌月	12 月	壹拾贰月

"日"——日期的话要注意，1~10、20、30 日对应好大写的前面要写"零"字（见表 5-2）。

表 5-2　　　　　日期对应的小写和大写

小写日	大写日	小写日	大写日	小写日	大写日
1 日	零壹日	12 日	壹拾贰日	23 日	贰拾叁日
2 日	零贰日	13 日	壹拾叁日	24 日	贰拾肆日
3 日	零叁日	14 日	壹拾肆日	25 日	贰拾伍日
4 日	零肆日	15 日	壹拾伍日	26 日	贰拾陆日
5 日	零伍日	16 日	壹拾陆日	27 日	贰拾柒日
6 日	零陆日	17 日	壹拾柒日	28 日	贰拾捌日
7 日	零柒日	18 日	壹拾捌日	29 日	贰拾玖日
8 日	零捌日	19 日	壹拾玖日	30 日	零叁拾日
9 日	零玖日	20 日	零贰拾日	31 日	叁拾壹日
10 日	零壹拾日	21 日	贰拾壹日		
11 日	壹拾壹日	22 日	贰拾贰日		

（2）收款人：谁拿这张支票到银行取钱，收款人就填谁的名字。若是一般单位提现的话，收款人就直接填单位名称。

(3) 金额：金额分大小写。金额大小写不规范，是取不到钱的，所以，出纳一定要按照《正确填写票据和结算凭证的基本规定》填写金额。

(4) 用途：根据实际的用途来填。现金支票的用途有一定的限制，一般提现的话，出纳直接写"备用金"或"差旅费"。

(5) 签章：最后，出票人还得签章，就是开户时预留的银行印鉴，一般是盖财务章、法人章（见图5-16）。

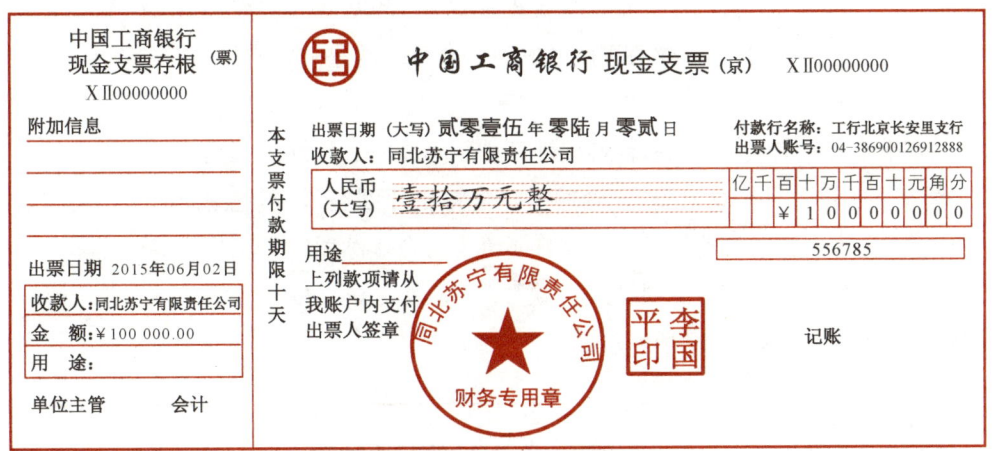

图5-16 现金支票正面填写示例

(6) 付款行名称和出票人账号：一般在银行领用支票时已经打印在票面上了，不用写。

这样，现金支票正面就完成了。

一般而言，附加信息那里很少填的。现金支票背面还需要填写办理提现业务的个人信息，包括姓名、身份证号码、发证机关等。如果要背书给别人的话就要在"被背书人"那里写对方名字了。

提取现金的话，只要在"背书人签单"那个框里盖上单位的印鉴或公章就可以了（每个行的要求不一样）。这样，可以去银行提现了。

实训演练 5-2　库存现金不足——小白填写现金支票

1月份的最后一个工作日，白小白一上班，还在感慨"2015年还差2天就过完了1/12"的时候，就接到要准备现金的通知"销售部总动员去催款，总共要差旅费10 000元"。是啊，快到年关了，催款的可多了，前几天供应商还到公司来"坐坐"了呢。上午银行9点才上班，白小白有条不紊地做起了提现的准备工作，库存现金没多少了，跟程主管合计了一下，决定提取现金15 000元。"贰零壹伍"，白小白在支票大写处写了后才发现，自己拿的是转账支票，还好还好，只写了年份，不碍事。

拿准了现金支票，白小白很熟练地开始填写了——日期大写是"贰零壹伍年零壹月零叁拾日"，金额是"壹万伍仟圆整"，用途是"差旅费"，这次真的是差旅费了，以前都填备用金，然后银行工作人员就告诉白小白说还可以填"业务款""差旅费"的。白小白填写好的现金支票如图5-17所示。

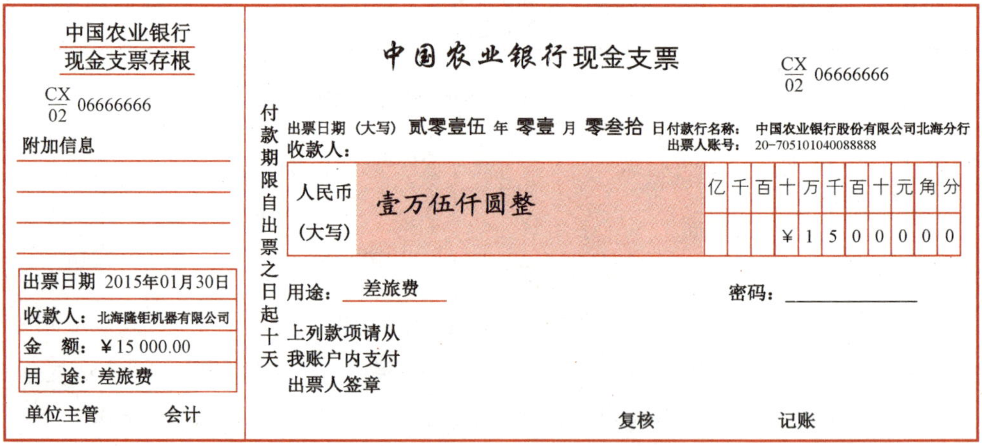

图 5-17　现金支票

小白将填好的现金支票拿去给程主管盖章，并撕下了左边的存根联（见图5-18）交给会计邹邹做账（见图5-19）。

```
            中国农业银行
            现金支票存根
   CX
   02   06666666
   附加信息
   _____
   _____
   _____

   出票日期  2015年01月30日
   收款人：  北海隆钜机器有限公司
   金  额：  ￥15 000.00
   用  途：  差旅费

   单位主管         会计
```

图 5-18　现金支票存根

记账凭证　　　　　第　号

单位：北海隆钜机器有限公司　　2015年01月30日

摘要	总账科目	明细科目	记账	借方 十亿千百十万千百十元角分	贷方 十亿千百十万千百十元角分
提取备用金	库存现金			1 5 0 0 0 0 0	
提取备用金	银行存款				1 5 0 0 0 0 0
合　计				￥1 5 0 0 0 0 0	￥1 5 0 0 0 0 0

会计主管：　　　记账：　　　出纳：　　　审核：　　　制单：邹笑荔　　　领缴款人：

附件1张

图 5-19　记账凭证

> **小白如是说**
> 　　填写支票前，一定要看准支票的类型，是转账支票还是现金支票。

第 5 章　用票据说话——出纳对票据的管理

5.3 转账支票可以取现金吗

在实际工作中,尤其是刚入职的新出纳,很容易将现金支票和转账支票弄混了。其实细心的朋友可以发现,转账支票除了正面注明的字样与现金支票不同外,转账支票背面没有"身份证号码"这一栏。这是因为在所有票据中,包括汇票在内,只有现金支票可以个人取现,因而后面有取现人的相关信息需要填写。转账支票只用于转账,不可取现。

小白如是说

"忙而不乱,累而不烦,静能生慧,博能生辉。"出纳为什么忙?业务多就会忙。所以,做到"多而不乱",就会提高工作效率了。出纳碰到最多的结算业务,除了提存现金,估计就是转账了吧。

转账支票是出票人签发的，委托办理支票存款业务的银行在见票时无条件支付确定的金额给收款人或持票人的票据；在银行开立存款账户的单位和个人客户，用于同城交易（2011 年 3 月之前，支票只限同城的；2011 年 3 月支票换新后，就可以异地转账了）的各种款项，均可签发转账支票，委托开户银行办理付款手续。转账支票只能用于转账（见图 5-20）。

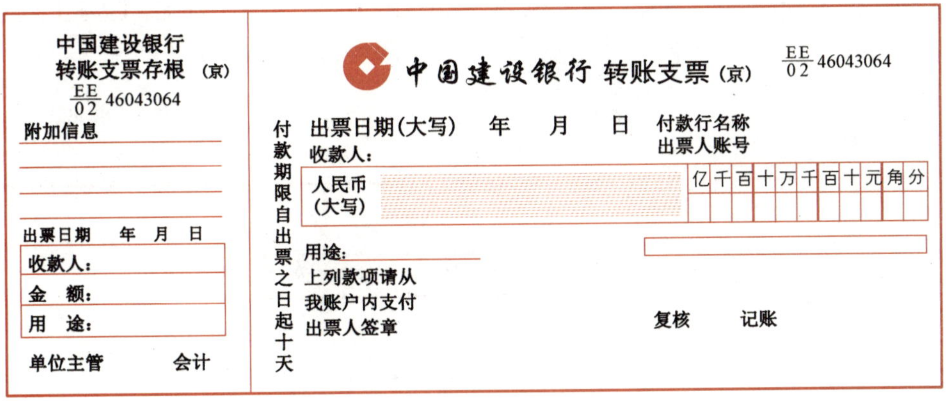
中国建设银行
转账支票存根（京）
$\frac{EE}{02}$ 46043064
附加信息
出票日期 年 月 日
收款人：
金 额：
用 途：
单位主管 会计

中国建设银行 转账支票（京） $\frac{EE}{02}$ 46043064
付款期限自出票之日起十天
出票日期(大写) 年 月 日 付款行名称
收款人： 出票人账号
人民币（大写） 亿 千 百 十 万 千 百 十 元 角 分
用途：
上列款项请从
我账户内支付
出票人签章 复核 记账

图 5-20 转账支票正面

转账支票的填写方法与现金支票是一样的，支票左端是填写内容后留给自己记账用的，右端填写金额等有关资料后，交给对方，用作付款，填写的内容包括：日期、公司开户银行账号、付款金额大写、小写、用途、收款方名称等，然后盖上单位的预留印鉴，这张支票就可用于合法的支付了。

开支票时，一定要注意账户里有没有足够的金额，如果账户里的钱不够，而你却开出了支票，就成了俗话说的“开空头支票。”

转账支票的填写方法如图 5-21 所示。

转账支票有五大特点，大家需要清楚（见图 5-22）。

这里需要总结一下，无论是现金支票还是转账支票，出纳应该清楚其在使用过程中的一些细节。

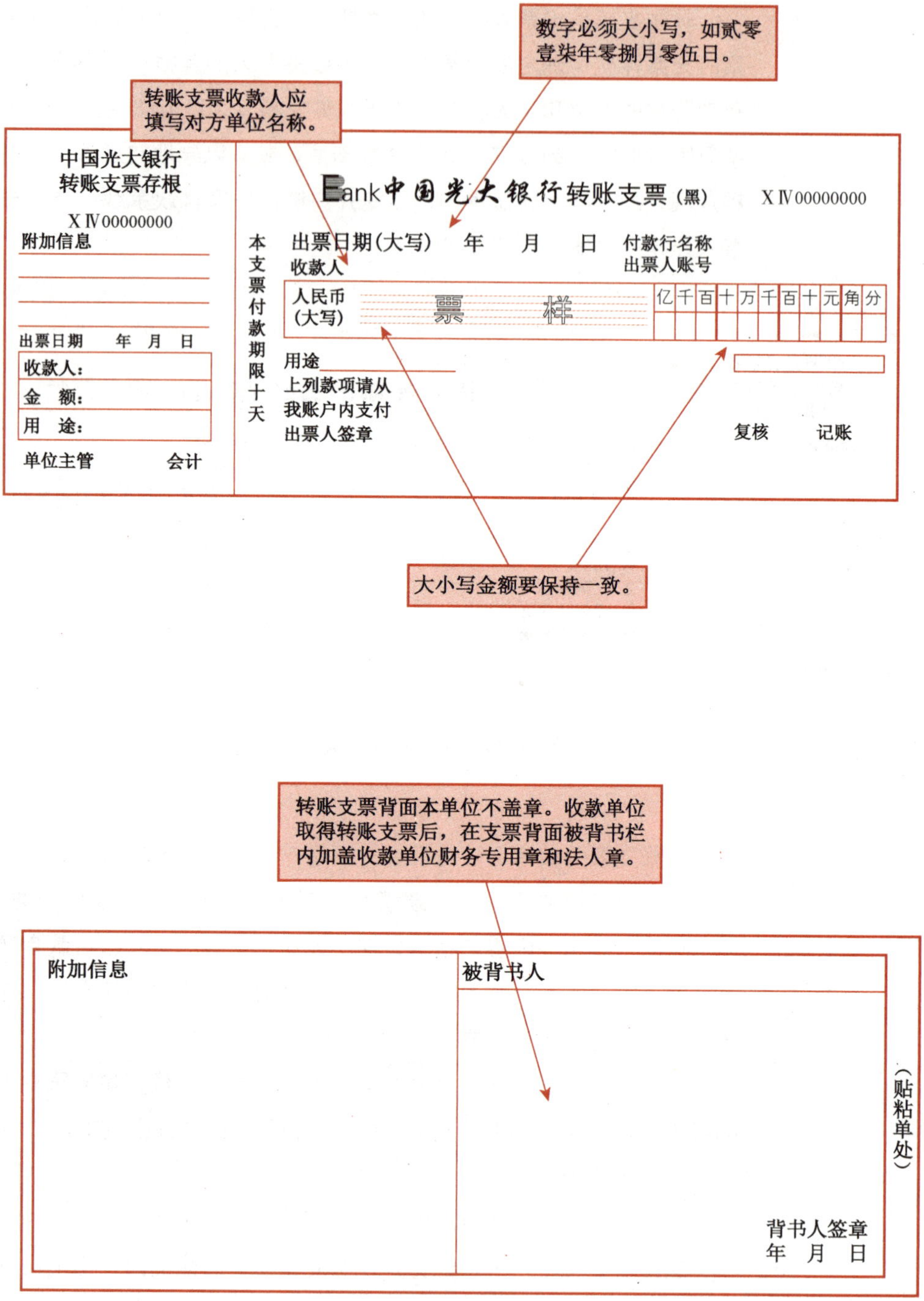

图 5-21 转账支票的填写方法

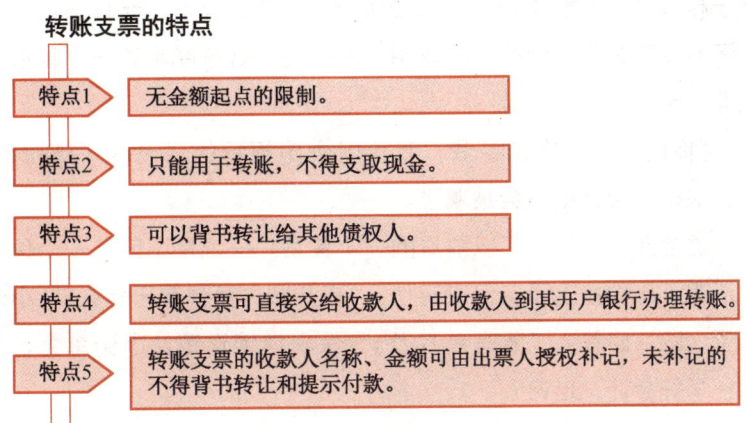

图 5-22 转账支票的特点

> **小白如是说**
> （1）支票正面不能有涂改痕迹，否则本支票作废。
> （2）受票人如果发现支票填写不全，可以补记，但不能涂改。
> （3）支票见票即付，不记名。现金支票不可背书转让。
> （4）出票单位现金支票背面有印章盖模糊了，可把模糊印章打叉，重新再盖一次。
> （5）收款单位转账支票背面印章盖模糊了（此时票据法规定是不能以重新盖章方法来补救的），收款单位可带转账支票及银行进账单到出票单位的开户银行去办理收款手续（不用付手续费），俗称"倒打"，这样就用不着到出票单位重新开支票了。
> （6）不得开具空头支票。

实训演练 5-3　小白填写转账支票

年前催款就是急，供应商直接找到了财务。一翻舌战后，财务终于松口了，同意支付 20 000 元货款。"今天停电，而且出纳手头上还有点事去不了银行，所以明天吧……"财务就是这样，能拖一天算一天。

"你们可以开支票给我，我可以去跑银行的。"白小白顿时觉得，懂得了会计就不会被蒙了。

这会儿，她想到了以前看的一个笑话——说是小区的一个保安在巡逻，小偷撞上了。保安问他："资产减去负债等于什么？"小偷吓了一跳，回答："所有者权益。"保安继续巡逻，小偷幸免，总结：学好会计，走遍天下。

采购部的宁夏很快地提交了付款申请单（见图 5-23），办完了付款手续。

付款申请单										
部门：	采购部					日期：	2015年01月14日			
收款人	裕虹汽车零部件厂					收款人开户行				
						收款人账号				
付款金额(大写)	⊗佰	⊗拾	贰万	零仟	零佰	零圆	零角	零分	(小写)	￥20 000.00
款项用途	付货款								付款方式	
领导审批	洪兵		财务审核	程海峰		部门审核	姚远		经办人	宁夏

图 5-23 付款申请单

根据这张付款申请单，白小白填起了转账支票（见图 5-24）。

盖好章交付时，白小白要求对方写了张收条，并盖上了公司的章。然后，白小白在付款申请单上的"付款方式"那里填上了"转账支票"四个字（见图 5-25）。

最后，白小白在支票登记本上登记了这张转账支票的信息，并把转账支票存根（见图 5-26）及这张付款申请单给会计作为原始凭证。

中国农业银行转账支票　　$\frac{CX}{02}$ 07777775

付款期限自出票之日起十天

出票日期（大写）贰零壹伍年 零壹 月 壹拾肆 日　付款行名称：中国农业银行股份有限公司北海分行

收款人：裕虹汽车零部件厂　　出票人账号：20-705101040088888

人民币（大写）	亿	千	百	十	万	千	百	十	元	角	分
贰万圆整				¥	2	0	0	0	0	0	0

用途：货款

上列款项请从
我账户内支付
出票人签章　　　　密码：________

复核　　记账

图 5-24　转账支票

付款申请单

部门：　采购部　　　　日期：　2015年01月14日

收款人	裕虹汽车零部件厂			收款人开户行			
				收款人账号			
付款金额(大写)	⊗佰 ⊗拾 贰万 零仟 零佰 零圆 零角 零分					(小写)	¥20 000.00
款项用途	付货款					付款方式	转账支票
领导审批	洪兵	财务审核	程海峰	部门审核	姚远	经办人	宁夏

图 5-25　填好的付款申请单

中国农业银行
转账支票存根

$\frac{CX}{02}$ 07777775

附加信息

出票日期 2015年01月14日
收款人：裕虹汽车零部件厂
金　额：¥20 000.00
用　途：货款

单位主管　　会计

图 5-26　转账支票存根

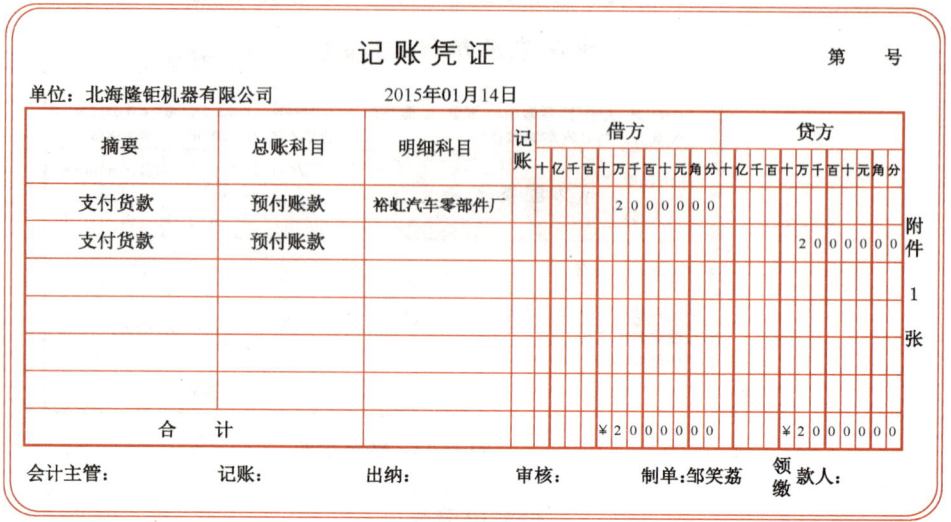

图 5-27　记账凭证

> **小白如是说**
>
> 　　给付支票时，出纳一定要在支票登记本做好记录，并让经办人签字。

实训演练 5-4　小白填错支票

　　虽然填错支票的情况很少，但是还是发生了。白小白在北海隆钜机器有限公司做会计的短短几个月，就发生过那么一次。

　　在办公楼里，白小白也能分辨出大家的脚步声，谁谁的是"PIAPIA"，谁谁的是"蹬蹬蹬"。今天是周末，整个上午，安静的办公楼又出现了"PUPU"的阴森的声音，不用说，又是采购部的宁夏。宁夏喜欢穿运动装，而且来也匆匆，去也匆匆，运动裤"PUPU"地道出了他多么"风尘"——风尘仆仆的成语放在这里最恰当了。

　　这几天都看着宁夏跑来跑去的，就为了 5 000 元的申请，不知道改了多少次，最后终于把所有的手续弄好了，白小白也得知了最终答案是2万元,不是最开始说的2.5万元了。

本来填写付款申请单(见图5-28)日期的时候,白小白也犯错了,但想到有10天的期限,就没重写,因为等着钱,总会抓紧时间去取的。

付款申请单

部门	采购部							日期:	2015年01月10日	
收款人	裕虹汽车零部件厂					收款人开户行				
						收款人账号				
付款金额(大写)	⊗佰 ⊗拾 贰万 零仟 零佰 零圆 零角 零分							(小写)	¥20 000.00	
款项用途	付货款							付款方式		
领导审批	洪兵	财务审核	程海峰	部门审核	姚远			经办人	宁夏	

图 5-28 付款申请单

写好转账支票,还没拿去领导那里盖章,白小白就发现错了。还在为2万元与2.5万元而纠结着。最后结果是2万元,白小白却写成2.5万元,写成1.5万元也好呀,大不了多开一张,现在的情况,只有两个字,"作废"。

作废支票就要保存转账支票的存根联与支票联,然后在上面盖上"作废"的章就可以了(见图5-29)。

中国农业银行 转账支票存根 CX/02 07777771	中国农业银行转账支票　　CX/02 07777771											
附加信息 _____	付款期限自出票之日起十天	出票日期(大写) 贰零壹伍 年 零壹 月 零壹拾 日					付款行名称: 中国农业银行股份有限公司北海分行					
		收款人:					出票人账号: 20-705101040088888					
		人民币 (大写)	贰万伍仟圆整				亿	千	百	十	万 千 百 十 元 角 分	
作废											¥ 2 5 0 0 0 0 0	
出票日期 2015年01月10日		用途: 货款					密码: _____					
收款人: 裕虹汽车零部件厂		上列款项请从 我账户内支付 出票人签章										
金 额: ¥25 000.00												
用 途: 货款												
单位主管　　会计							复核			记账		

图 5-29 作废的转账支票

白小白看着鲜红的"作废"章,好像读书时候老师打的"叉",再次警醒自己吧。

> **小白如是说**
>
> 作废后的支票和存根都要保存好,在支票登记本上注明清楚作废。支票的保存也有两种方法:
>
> 第一种方法,就是在支票登记本的扉页处粘贴一个信封,里面专门用来存放作废的支票。如果支票和存根已经分离的,就用曲别针或大头针夹在一起或粘起来;如果没分离的,就一并留存。
>
> 第二种方法,就是直接粘贴在办理开具支票的业务的凭证里。

5.4 收到支票如何处理

小白如是说

网上购物的朋友最关心的，就是包裹到哪了，对吗？他们最喜欢听的是"You need cry, dear～"还是"有你的快递儿～"。银行也是送快递的，送的不是包裹，是钱啊，只有钱到账了才知道。以前如果收到支票，还得去银行填表格"签"章后才能"收"；现在都是网上转账了，不用"签"也能"收"了。

出纳收到转账支票时要对支票进行审查。审查的事项主要有六处（见图 5-30）。

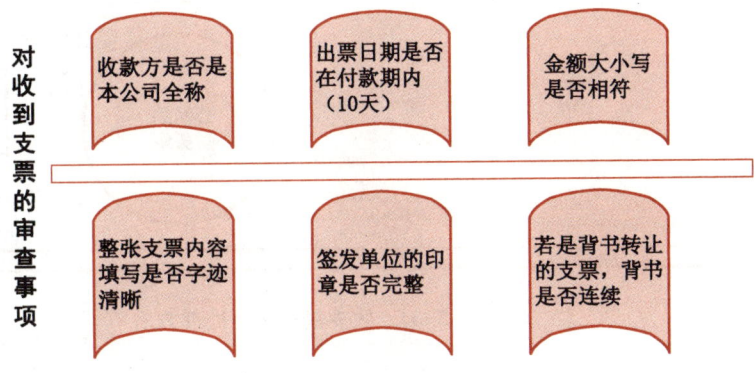

图 5-30　收到支票的审核事项

一张支票收到手，如何将其及时入账是出纳的职责。当上述审核都完成后，出纳需要在支票背面盖上本公司的银行预留印鉴章，将支票和进账单一起到开户银行办理进账。

在转账支票背面盖章称为背书。在一般情况下，转账支票都是要背书的，因为很少有去付款人的开户银行交支票。比如，你所在公司的开户银行是农业银行，给你支票的单位的开户银行是工商银行。如果你把支票交给农业银行，等于委托农业银行向工商银行收取支票的款项，那么农业银行要凭你的背书，才接受委托，所以转账支票要背书。

委托收款背书分为以下三个部分（见图5-31）：

一是在背书人签章框里盖上单位的印鉴（这个跟普通背书一样）。

二是在被背书人栏里填委托收款的银行的名字，如中国农业银行广西分行。

三是在背书人签章框里印鉴旁边空白的地方写四个字："委托收款"（说明这是委托收款的背书，是最后一手，下面不会再有背书了）。

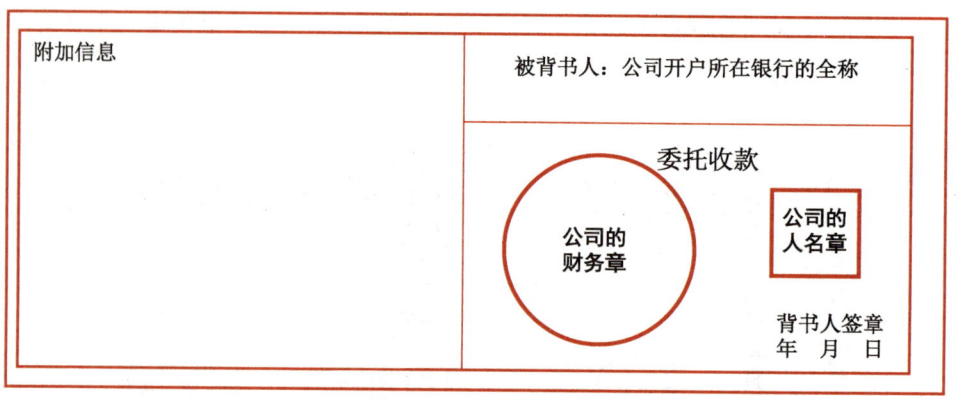

图5-31　收支票后背面处理方法

当然，转账支票也可以背书给别的单位，具体操作方法请参照汇票结算章节。

背书完成，也就是在收到的支票后面盖上我们公司的银行预留印鉴。将支票送到我们公司账户的开户银行的对公窗口，将支票上的金额入到我们公司的账内。这个过程需要填写银行进账单（见图5-32）。

图5-33是需要出纳填写的进账单，连同支票一同送交银行。

进账单一式三联，出票人那里填写的是对方的全称、账号、开户行名称，这些在支票或汇票上面都会写有；收款人那里相应填上的是收款单位（就是你单位）名称、账号、开户银行名称；金额那里就填你拿的支票或汇票的金额了；票据种类、张数、号码这里也是根据实际情况填的。

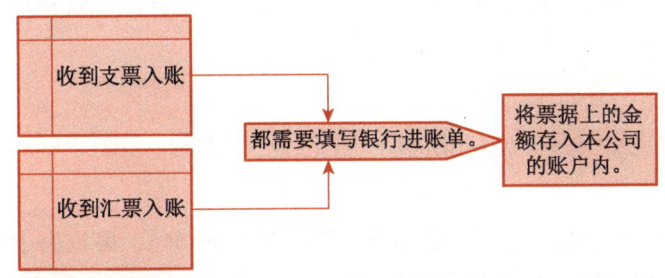

银行进账单是持票人或收款人将票据款项存入其开户银行账户的凭证，也是开户银行将票据款项记入持票人或收款人账户的凭证。也就是说，你填写了这张单，账就可以进到你的户头了。进账单银行可以随时到银行取，不像支票、电汇凭证等需要购买。

图 5-32 收到票据的处理方法

中国银行 **进账单** 1
年 月 日

收款人	全 称		付款人	全 称	
账 号			账 号	
开户银行			开户银行	

金额 人民币（大写）　　亿千百十万千百十元角分

票据种类　　票据张数
票据号码
复核　　记账　　开户银行盖章

此联是开户银行交给持（出）票人的回单

图 5-33 进账单

那么收到现金支票后如何处理呢？

现金支票是不可以背书转让的（看支票的背面就知道了，没有地方填写"被背书人"），单位收到了现金支票，就要在支票背面

"收款人签章"那里盖上在银行的预留印鉴,然后就可以到支票所在的银行办理提现手续了。因为可以直接拿现金,所以就不用填写进账单了。

实训演练5-5　小白收到一张转账支票

销售部小黄拿来了一张转账支票(见图5-34),虽说白小白也做过出纳,但收到转账支票还是第一次。还好,没吃过猪肉也见过猪跑了。

中国农业银行转账支票　CX/02 09999999

付款期限自出票之日起十天

出票日期(大写)：贰零壹伍年 零壹月 零伍日
收款人：北海降钜机器有限公司
付款行名称：中国农业银行股份有限公司北海分行
出票人账号：20-705101040077777

人民币(大写)：捌万圆整　¥8000000

用途：货款　密码：

上列款项请从我账户内支付
出票人签章

复核　　记账

图 5-34　转账支票

今天是1月6日,出票日期在付款期限内,收款人、大小写金额、用途、盖章……白小白认真地检查了这张转账支票。

虽说检查完了,为了保险起见,还是进了账稳妥,于是白小白填起了进账单：

出票人全称、账号、开户银行(见图5-35)：这里填写的是出票方的信息,也就是对方的信息。这个在支票上就能看得到,出票人全称就是对方盖的章。账号及开户银行的信息在支票右上角能看得到。

收款人信息：这是白小白预先设置好的格式打印的。

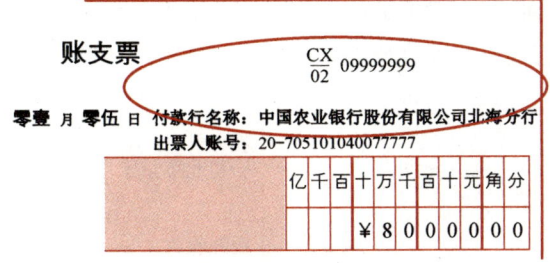

图 5-35 出票人全称、账户、开户银行

金额：金额部分也就是依葫芦画瓢了，注意一下大小写要对应。另外，要记得小写金额的最前面一定要"￥"打头。

支票种类：转账支票。

票据号码：填写的是转账支票右上角的支票号。

不出 2 分钟，白小白就填好了进账单（见图 5-36）。

图 5-36 进账单

这样就可以拿着转账支票跟进账单去银行办理手续了。因为转账背书那里没写过，白小白带上了银行印鉴。来到对公柜台前，白小白在转账支票背面被背书人那里填上了银行的全称（工作人员告诉她，可以填 2 行的，但不要出那个框框），然后在下面那个框里

第 5 章 用票据说话——出纳对票据的管理 133

写了"委托收款"四个字，在背书人签章下面的年月日那里填上了日期，最后在背书人签章那个框里盖上了银行印鉴（见图 5-37）。

附加信息	被背书人：中国农业银行股份有限公司北海分行
	委托收款
	背书人签章 年　月　日

图 5-37　转账支票背面

白小白把全部填好盖章的转账支票、进账单交给柜员。柜员审核办理后，递给白小白的是进账单的一联，也就是进账的证明，做账用的。

5.5　汇票结算为什么说很重要

汇票是汇款人出的票，那么银行汇票就是汇款人通过银行出给收款人的票据，书面上是指由出票银行签发的，由其在见票时按照实际结算金额无条件付给收款人（也就是最后持票人）的一种票据。常见的汇票就是银行承兑汇票了。

> **小白如是说**
>
> 　　如果看过资产负债表，你们会发现有"应收票据"科目或"应付票据"科目。其中，票据指的就是收到的或者是开出去的银行票据，特指的就是汇票了。这个汇票也是

> 由出纳保管的，到期了也是钱啊。虽然现在还有一些单位没接触到汇票，但出纳也要了解一下，以免要去办理的时候，天空会飘来八个字——"知识到用时方恨少"。

银行汇票的内容也就是常说的"记载事项"（见图5-38）。

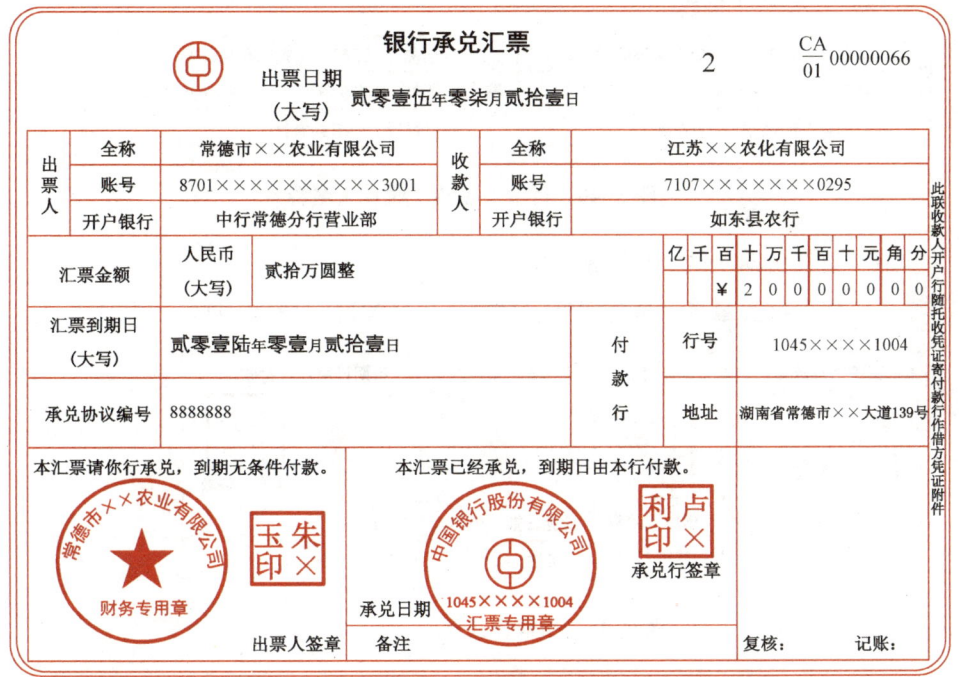

图5-38　银行承兑汇票票样

通过票样，我们来看一下记载事项：

（1）表明"汇票"的字样：如票面会标明"银行承兑汇票"或"商业承兑汇票"等字样（见图5-39）。

图5-39　表明"汇票"的字样

（2）无条件支付的承诺：出票方交由银行，银行受理盖章后就表明了"本汇票已经承兑,到期日由本行付款"的承诺。

(3)确定的金额:就是票据上面写的金额,当然,大小写金额应相符。

(4)付款人名称、收款人名称:票面上所登记的付款人及收款人的信息一定要正确,当然,付款人的信息银行是审核过的,主要是收款人的信息(见图5-40)。

出票人	全称	常德市××农业有限公司	收款人	全称	江苏××农化有限公司
	账号	8701×××××××××3001		账号	7107××××××0295
	开户银行	中行常德分行营业部		开户银行	如东县农行

图 5-40　付款人名称、收款人名称

(6)出票日期:这个与支票一样的。

(7)出票行签章(汇票专用章、经办人员名章):见图5-41。

图 5-41　出票行签章

汇票上未记载以上事项的,汇票无效。

我们知道,银行的结算方式常见的是转账了,当然,还有一种就是银行汇票结算,它是指由汇款人将款项交存当地出票银行(就是开户银行),由银行签发给汇款人持往异地办理转账结算或支取现金的一种结算方式。

与其他银行结算方式相比,银行汇票结算有它自己的特点(见图5-42)。

银行汇票分两种,所以结算的流程也分为直接取现(见图5-43)与持票办理转账(见图5-44)两种情况。

银行承兑汇票中有哪几种"人"呢?就如工作中,不同的岗位

| 适用范围广 | 凡是单位或个人需要在异地进行商品交易、债权债务等的结算，都可以使用银行汇票。 |

| 票随人走，钱货两清 | 比如，A是采购方，B是销货方，A申请银行开票，这就是"票随人走"；A单位采购给票，B单位验票发货，也就是"一手交票，一手交货"了，直到银行见票付款，这样，就实现了"钱货两清"。 |

| 信用度高，安全可靠 | 银行汇票是银行在收到汇款人款项后（如果是开户的客户，即在申请后）签发的支付凭证，银行保证支付，收款人持有票据，可以安全、及时地到银行支取款项。 |

| 使用灵活，适应性强 | 就跟转账支票一样，持票人除了自己支取外，还可以将汇票背书转让给下一家，这就有利于购货方灵活地采购物资。 |

| 结算准确，余款自动退回 | 银行汇票结算，如果采购金额在汇票金额内，可多余的金额也可以由银行自动退回的。 |

图 5-42　银行汇票结算的特点

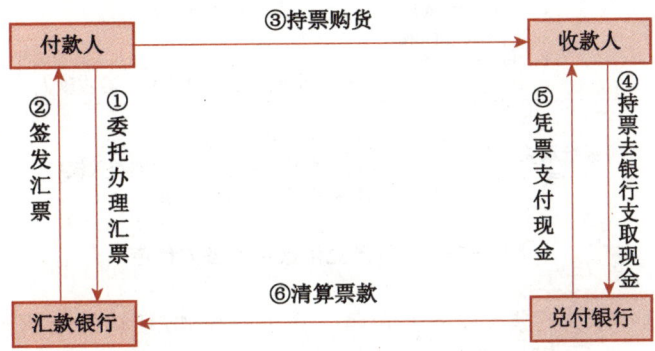

图 5-43　直接取现的流程

有不同的职责，所以承兑汇票中也有几种"人"，他们在其中扮演了不同的角色，很好地演绎了"银行承兑汇票"这一剧本。

出票人：出票人是签发票据并将票据交付给他人的人。当然，这得靠银行帮忙的。

付款人：付款人是指支付给持票人或收款人票面金额的人，付款人并不一定是出票人。

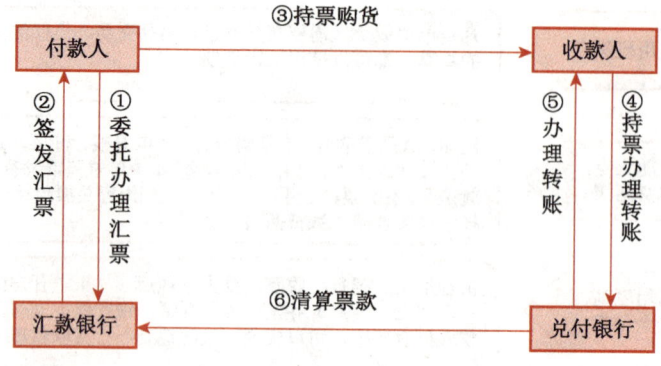

图 5-44 持票办理转账的流程

收款人：收款人是指收取票款的人（见图 5-45）。

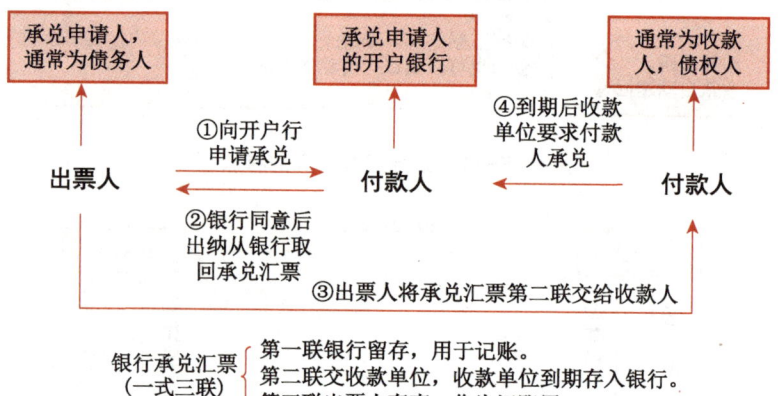

图 5-45 银行承兑汇票中的各方角色

银行承兑汇票中的各方角色，除了图 5-45 所述的出票人、付款人、收款人外，还有承兑人、背书人、持票人、保证人等。

承兑人：就是承诺兑现汇票的人。例如，银行承兑汇票的承兑人就是银行。

背书人：背书是由持票人在汇票背面签上自己的名字或盖章，并将汇票交付给受让人的行为。这里的持票人称为背书人，受让人称为被背书人。票据可以多次背书转让，但要连续。

持票人：持票人是其中一个收款人，是持有票据的人，他有权要求付款或承兑。

保证人：保证人是以自己的名义对票据付款加以保证的人。保证人可以为出票人、背书人、承兑人等。

银行承兑汇票是由在承兑银行开立存款账户的存款人签发。比如，小白所在的公司向开户银行申请银行承兑汇票，该公司作为签发人，需要保证在指定日期无条件支付确定的金额给收款人或持票人。

> 《票据法》第二十条 出票是指出票人签发票据并将其交付给收款人的票据行为。
>
> 《票据法》第二十一条 汇票的出票人必须与付款人具有真实的委托付款关系，并且具有支付汇票金额的可靠资金来源。不得签发无对价的汇票用于骗取银行或者其他票据当事人的资金。

> **小白如是说**
>
> 　　出票就是一个动作，就是给出票据。给出，也就是得做好票据（票据上记载法定事项并签章），到时候收票的人可以拿得到钱的；当然，给出也包括交付传递的含义。

人有人的命运，票据也有票据的命运。汇票从被签发之后，它就面临着两种情况（见图5-46）。

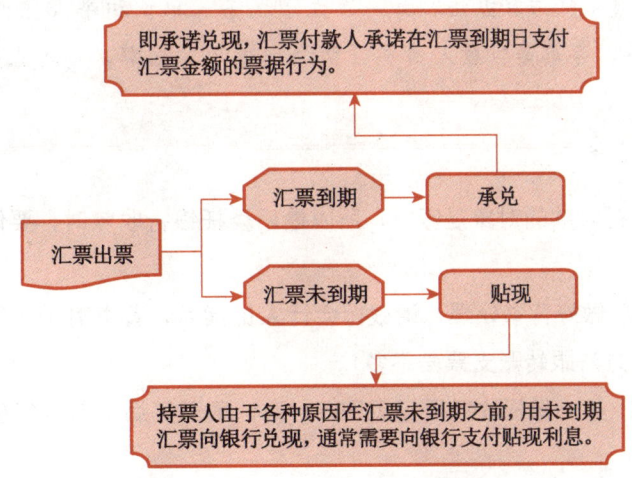

图5-46　承兑汇票出具后的两种情况

银行承兑汇票最佳的结局是在其承兑的日期被承兑。但往往它的命运并非一帆风顺，不仅可能被无数次地转给别人（背书），也可能还没到期就被贴现了。

持票人无论是承兑还是贴现，都需要符合三个条件（见图 5-47）。

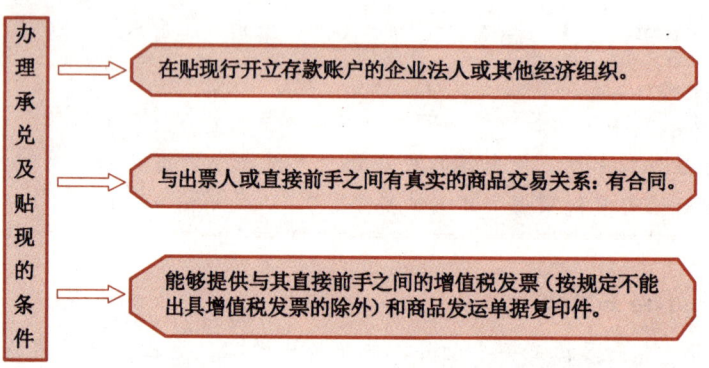

图 5-47　办理承兑及贴现的条件

> 《支付结算办法》第一百九十八条　委托收款是收款人委托银行向付款人收取款项的结算方式。
>
> 《支付结算办法》第一百九十九条　单位和个人凭已承兑商业汇票、债券、存单等付款人债务证明办理款项的结算，均可以使用委托收款结算方式。

委托收款的对象是银行，所以最后委托银行收款时，要做好以下两点：

（1）做好背书处理，请银行会计人员指点，背书时千万别弄错地方（方法跟转账支票差不多）。

（2）买一份托收凭证（见图 5-48），填写好后加盖银行的预留印鉴。

托收凭证 （受理回单） 1

委托日期： 年 月 日

<table>
<tr><td colspan="2">业务类型</td><td colspan="6">委托收款（□邮划、□电划） 托收承付（□邮划、□电划）</td></tr>
<tr><td rowspan="3">付款人</td><td>全 称</td><td colspan="2"></td><td rowspan="3">收款人</td><td>全 称</td><td colspan="2"></td></tr>
<tr><td>账 号</td><td colspan="2"></td><td>账 号</td><td colspan="2"></td></tr>
<tr><td>地 址</td><td>省 市县</td><td>开户行</td><td>地 址</td><td>省 市县</td><td>开户行</td></tr>
<tr><td>金额</td><td>人民币（大写）</td><td colspan="3"></td><td colspan="3">亿 千 百 十 万 千 百 十 元 角 分</td></tr>
<tr><td colspan="2">款项内容</td><td></td><td>托收凭据名 称</td><td colspan="2"></td><td>附寄单证张数</td><td></td></tr>
<tr><td colspan="2">商品发运情况</td><td colspan="4"></td><td>合同名称号码</td><td></td></tr>
<tr><td colspan="3">备注：
复核 记账</td><td colspan="3">款项收妥日期：
年 月 日</td><td colspan="2">收款人开户银行签章
年 月 日</td></tr>
</table>

此联作收款人开户银行给收款人的受理回单

图 5-48 托收凭证

除了背书好的承兑汇票、托收凭证，最后还要提供委托收款银行需要的资料，如《企业法人营业执照》或《营业执照》复印件；持票人与出票人或其直接前手之间的增值税发票和商品发运单据复印件等。

实训演练 5-6 小白申请银行汇票

“白小白，可能这两天要去银行申请承兑汇票，你先向银行了解一下，需要些什么资料。”程部长一上班就发话了。公司现有的承兑汇票不够用了。

于是，白小白向银行咨询了，而且需要准备的资料也全部整理完毕，最后还是没派上用场。虽然最后用不到，但是白小白在她的笔记上已经记录得很详细了。

申请办理银行承兑汇票时，承兑申请人应向开户行提交下列资料：

(1) 银行承兑汇票承兑申请书，主要包括汇票金额、期限、用途以及承兑申请人承诺汇票到期无条件兑付票款等内容（这个申请书都是银行打印出来的，办理的时候直接到银行填写就行）。

(2) 营业执照或企业法人执照复印件、法人代表人身份证明（也就是公司的资质，农行的不要扫描打印出来的，原件也要拿去银行核对的）。

(3) 上年度和当期的资产负债表、利润表和现金流量表（年度报表出纳这里也要备一份，省得每次提交的时候都得问会计要）。

(4) 商品交易合同、增值税发票复印件（原件也要拿去银行核对的）。

(5) 按规定需要提供担保的，提交保证人有关资料（包括营业执照或企业法人执照复印件、当期资产负债表、利润表和现金流量表）或抵（质）物的有关资料（包括权属证明、评估报告等）。

(6) 银行要求提供的其他资料。

客户应向承兑银行缴纳承兑金额 0.5‰的手续费。

实训演练 5-7　小白收到银行汇票

催款——催多了就回款。2015 年 2 月份的第一个工作日，销售部的小黄乐呵呵地拿着一个信封来财务"交差"。看着信封上写的"票据"，白小白心想，是不是有银行汇票了。果然，白小白撕开信封一看，有 4 张连着号的银行承兑汇票（第一张的票样见图 5-49）。

4 张银行承兑汇票都是 1 月的最后一天开的。原来，销售员还没到对方就去办了，难道是心诚则灵？因为是第一个收款人，而且都是银行打印出来的，一般是没什么问题的。于是白小白写了张收据（见图 5-50）给小黄（因为是内部收据，也不需要盖章什么的）。公司规定写给客户的收据是销售部出的，格式跟这个收据差不多的。

银行承兑汇票

						CA/01	00888881

出票日期（大写） 贰零壹伍年零壹月零叁拾日

出票人	全称	合浦泰华机械有限公司	收款人	全称	北海隆钜机器有限公司
	账号	20-720001040088888		账号	20-705101040088888
	开户银行	中国农业银行股份有限公司合浦县支行		开户银行	中国农业银行股份有限公司北海分行

汇票金额	人民币（大写）	壹拾万圆整		亿 千 百 十 万 千 百 十 元 角 分
				¥ 1 0 0 0 0 0 0 0

汇票到期日（大写）	贰零壹伍年零柒月贰拾玖日	付款行	行号	0700
承兑协议编号	2015-1-888888		地址	广西合浦

本汇票请你行承兑，到期无条件付款。　　本汇票已经承兑，到期日由本行付款。

承兑行签章

承兑日期

出票人签章　　备注　　　　　　　　　　　　　复核：　　记账：

图 5-49　银行承兑汇票

收　据

NO.0000088

2015年02月02日

今收到　合浦泰华机械有限公司交来的银行承兑汇票4张

票号：00888881-00888884

金额（大写）⊗佰肆拾零万零仟零佰零拾零元零角零分（¥400 000.00）

单位盖章：

负责人：　　会计：　　出纳：白小白　　经办人：

第三联　记账联

图 5-50　收据

接着，白小白在应收票据备查簿上登记了汇票的信息（见图 5-51）。

应收票据备查簿

汇票备类	票据号码	出票日	票面金额	付款人	收款日期	背书人姓名或单位名称	到期日	背书转让日	贴现日	贴现率	贴现净额	收款日	收回金额	退票情况	备注
银行承兑汇票	00888881	2015/1/30	100 000.00	秦华	2015/2/2		2015/7/29								
银行承兑汇票	00888882	2015/1/30	100 000.00	秦华	2015/2/2		2015/7/29								
银行承兑汇票	00888883	2015/1/30	100 000.00	秦华	2015/2/2		2015/7/29								
银行承兑汇票	00888884	2015/1/30	100 000.00	秦华	2015/2/2		2015/7/29								

图 5-51　应收票据备查簿

最后，白小白拿着汇票复印后交给会计做账了。她赶紧将汇票原件锁到保险柜里，因为汇票是钱啊，得妥善保管才行。

实训演练 5-8　汇票到期兑现

好记性不如烂笔头，当然，出纳要做好票据登记的工作，免得票据过了期兑现时所产生的麻烦。白小白的台历上也圈到了 1 月的第 3 周，打开备查簿（见图 5-52）一看，有一张银行承兑汇票到期。

应收票据备查簿

商业汇票类别	票据号码	出票日	票面金额	付款人	到期日	备注
银行承兑汇票	00000066	2014年07月17日	100 000.00	菱花机械厂	2015年01月16日	

图 5-52　应收票据备查簿

白小白对此没有经验，于是提前了几天，就到银行当面请教了有关汇票到期贴现的问题。

如果是出纳自己去解付，就应该全面来检查承兑汇票，看是否有印鉴章模糊、印鉴章加盖错误、多盖印鉴章、骑缝章不骑缝等；如果有的话，应该要让相对应的公司出具证明。

去银行办理承兑的那一天，白小白先把准备好的承兑所需要的资料递交给了柜台：

(1) 公司的资质证明，还有银行开户许可证原件、复印件。

(2) 与直接前手——合浦泰华公司的采购合同、发票等原件、复印件。

在咨询过银行后，白小白很小心地在银行承兑汇票背面（见图5-53）最后一个被背书人那里写上了开户行的名称：中国农业银行股份有限公司北海分行，再在下面签章那个大框里写上"委托收款"，然后，跟以往背书一样盖上公司的预留印鉴。

被背书人	北海隆钜机器有限公司	被背书人	中国农业银行股份有限公司北海分行
			委托收款
	合浦泰华机械有限公司(签章)		北海隆钜机器有限公司(签章)
	背书人签章 年　月　日		背书人签章 年　月　日

图5-53　银行承兑汇票背面背书的填写方法

然后就是根据银行承兑汇票（见图5-54）来填写托收凭证了。

白小白在填写托收凭证时，参考了银行承兑汇票，出票人信息在银行承兑汇票的正面都有的，如出票人的"全称""账号""开户行"等栏。当然，"地址"栏白小白是问了银行后再填的，这时候才知道，也要懂一点地理知识才行；"收款人"栏填的就是北海隆钜机器有限公司的信息了，此外，还有"金额""款项内容""接收凭据名称"等栏，白小白也一一进行了填写。填好后的托收凭证如图5-55所示。

白小白在"托收凭证"第二联上加盖了公司的预留印鉴章。最后，白小白到柜台进行请求解付，银行受理后一般5~7个工作日就可以下款了。

银行承兑汇票

CA/01 00000066

出票日期（大写）：贰零壹伍年零柒月壹拾柒日

出票人	全称	泰州罡城齿轮有限公司	收款人	全称	宜州飞驰汽车机器有限公司
	账号	540488888888		账号	888100888888888888
	开户银行	江苏省分行泰州分行高港支行营业部		开户银行	中国银行广西区分行河池分行宜州支行

汇票金额	人民币（大写）	贰拾万圆整		亿 千 百 十 万 千 百 十 元 角 分
				¥ 2 0 0 0 0 0 0 0

汇票到期日（大写）	贰零壹陆年零壹月壹拾陆日	付款行	行号	8888
承兑协议编号	2014-7-888888		地址	江苏泰州

本汇票请你行承兑，到期无条件付款。　　本汇票已经承兑，到期日由本行付款。

承兑行签章

承兑日期

出票人签章　备注　　　　　　　　复核：　记账：

图 5-54　银行承兑汇票

托收凭证（受理回单）

委托日期　2015年01月16日

	业务类型	委托收款（□邮划、□电划）	托收承付（□邮划、□电划）		此联作收款人开户银行给收款人的受理回单
付款人	全称	泰州罡城齿轮有限公司	收款人	全称	北海隆钜机器有限公司
	账号	540488888888		账号	20-705101040088888
	地址	江苏泰州 开户行 江苏省分行泰州分行高港支行营业部		地址	广西北海 开户行 中国农业银行股份有限公司北海分行

金额	人民币（大写）	贰拾万圆整	亿 千 百 十 万 千 百 十 元 角 分
			¥ 2 0 0 0 0 0 0 0

款项内容	贷款	托收凭据名称	银行承兑汇票 00000066	附寄单证张数	1
商品发运情况			合同名称号码		

备注：　　　款项收妥日期：　　　收款人开户银行签章：

复核　记账　　　　年　月　日　　　　年　月　日

图 5-55　填好的接收凭证

5.6 贴现可以让汇票提前变现

不要小看出纳，关键时刻也会发挥大作用。老板为资金吃紧急得团团转，手里有汇票，如果不懂得贴现，承兑期之前那就是一张纸。幸好小白懂得贴现，汇票通过贴现方式变为现金，解燃眉之急！

刚才我们说汇票的两种命运：收款方取得汇票后，往往并不能立即兑现；如果在等待承兑的过程中，持票人需要资金的话可以向银行申请进行贴现。

贴现是指银行承兑汇票的持票人在汇票到期日前，为了取得资金，贴付一定利息将票据权利转让给银行的票据行为。它是持票人向银行融通资金的一种方式。

那么,贴现的操作流程是什么?

贴现其实是银行提供的一项业务,自然银行会获取一定报酬。它的报酬体现在票据持有人为获得资金而付出一定的利息。也就说,持票公司向银行贴现后,银行实际上是向持票公司提供一种融资或是类似一项贷款,然后银行赚取其中的利息。

> **小白如是说**
>
> 说白了,贴现的目的是融资。融资的意思是指货币资金的持有者和需求者之间,直接或间接地进行资金融通的活动。从某种意义上说,融资其实就是当企业需要现金的时候,向银行或其他渠道筹集资金的行为。
>
> 所以说,用票据来贴现,说明企业还是急需资金的。不然就等几个月,票据到期后自然而然就可以兑换成资金了。

票据也有一定的贴现流程,具体见图5-56。

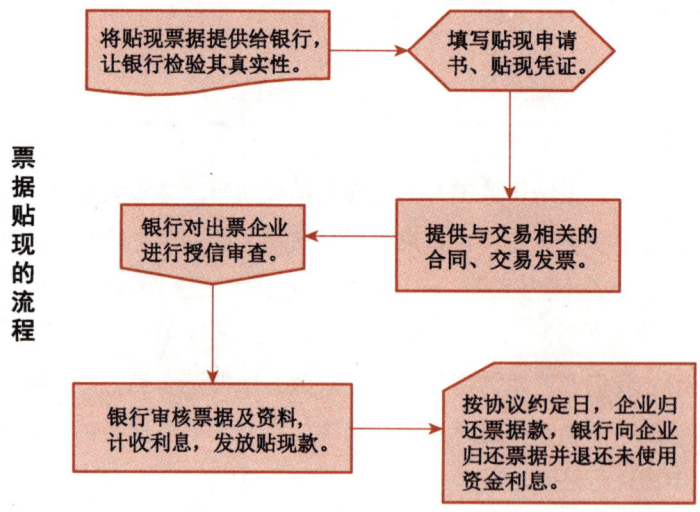

图5-56 票据贴现的流程

银行自然不会毫无报酬地对票据进行贴现，持票人向银行申请贴现后，银行会收取贴现利息，这部分利息的支付方式有三种（见图5-57）。

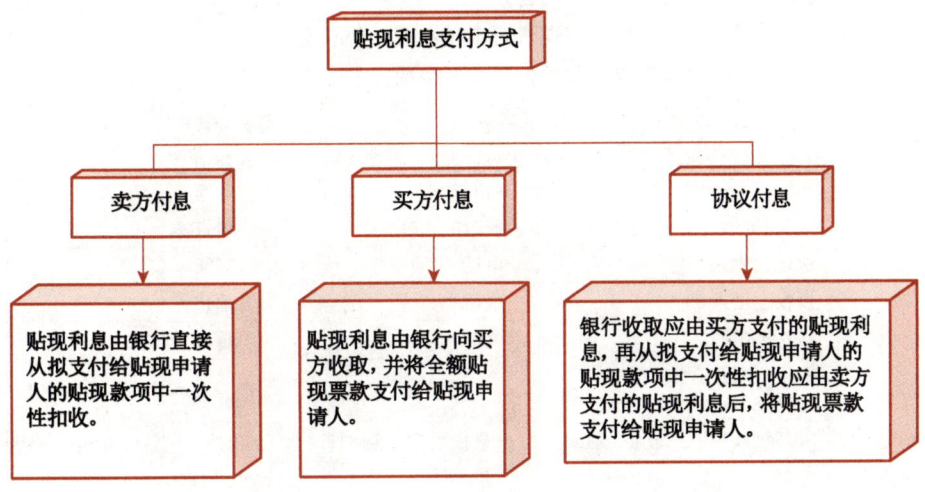

图5-57 贴现利息的支付方式

在这里需要明白一个概念，那就是贴现率和贴现利息。银行根据市场利率和票据的信誉程度规定一个贴现率，计算出贴现日至票据到期日的贴现利息。计算公式如下：

$$\text{银行承兑汇票贴现率（年利率）} = \text{贴现利息} \div \text{票面金额} \times 360 \div \text{贴现天数}$$

$$\text{贴现利息} = \text{票据面额} \times \text{贴现率} \times \text{票据到期期限}$$

贴现就需要填写《汇票贴现申请书》了，各地各行的要求也不同。图5-58是某银行的银行承兑汇票贴现业务申请书。

银行承兑汇票贴现业务申请书

中国建设银行_____分行。

我单位因（申请的原因及用途）_____之需，愿以持有的汇票____张共计票面金额_____元以____利率向贵行申请贴现。望获准。

附汇票票面要素提要、本单位简况及声明。

单位概况	单位全称				企业代码	
	贷款卡号		本次业务开户行		本次业务账号	
	信用等级		注册时间		注册资本	
	法定代表人		电话		国籍	
	授权代理人		电话		国籍	
	财务主管		电话		传真	
	经营范围及主导产品					

汇票要素提示	汇票号码	金额（元）	出票日	到期日	出票人	承兑人
	此栏未能列示出的汇票要素请见附件					

特别声明	我方为上述商业汇票合法持有人，均系真实、合法的商品、劳务交易所得，无恶意、过失或其他违法行为，汇票真实、合法、有效。上述商业汇票项下的交易合同和发票等证明交易确已履行的凭证真实、合法、有效。本次贴现已得到有权机构的必要授权，贴现利息计算同意按相关法律规定执行。 如汇票到期被承兑人拒付或汇票系伪造、变造票据，贵行可从我单位任何账户中扣收贴现票据等额资金以及相应的利息和费用，不足部分作为我单位在贵行的逾期贷款，我单位保证在收到你行通知之日起的10个工作日内以等额货币资金归还。

贴现申请人（公章）：   法定代表人或授权代理人（签章）：

年　　月　　日

图 5-58　银行承兑汇票贴现业务申请书

出纳填完该申请书后，需要加盖公章、财务章、法人章（或授权代理人章）后提交开户行，其后再提供与办理承兑一样的资料，当然，因为是未到期，所以贴现银行认为需要提供的其他资料。

5.7 汇票的背书是如何转让了兑付的权利的

小白如是说

背书，可不是小学时候老师经常让学生背诵书本内容哦，它是在背面书写的意思。这样一想，岳飞的母亲在岳飞背上刺了"精忠报国"四字，这算不算背书呢？

资金是流动性最强的资产，无论将其从银行转出或转入，抑或是电汇等业务，一些效率高的银行几乎当时就可以到账。但是票据的流动性远比资金差。我们如果想将手中的票据转出去达到等同资金效果的话，就需要一定手续。这个过程称为"背书"。

背书说白了就是将手中的票据转给别人，以此代替直接用银行存款转账。持票人在票据背面或者粘贴单上记载有关事项并签章，将票据权利让与他人（见图5-59）。背书的目的包括质押票据、委托收款、转让票据权利。

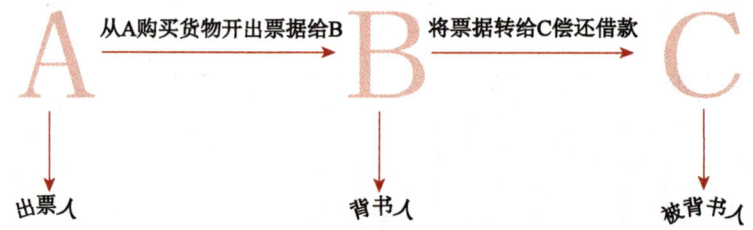

B相对A是债权人，C相对B是债权人。"背书"的背后其实是转换债权的行为。

图 5-59　背书流转示意图

经过背书，票据的所有权由背书人转给被背书人。也就是B将票据所有权转给了C。如果出票人到期不付款，则背书人必须承担偿付责任。也就是B需要承担支付责任。

经过背书转让的票据，背书人负有担保票据签发者到期付款的责任，一张票据可以多次背书、多次转让。

那么如何填写背书签章和背书日期呢？

> 《票据法》第二十九条　背书由背书人签章并记载背书日期。背书未记载日期的，视为在汇票到期日前背书。

正确的背书应该是签了章之后还要把日期给补上的，但一般都很少写这个日期。所以，最后持票人拿去银行贴现时还要把日期全部填写上去才行。

那么被背书人名称要不要写？被背书人的名字写在"被背书人"的框内（可以分行写，但一定要写在框内），字迹一定要规范而且清晰可辨（见图5-60）。

图5-60 背书示意图

> 《票据法》第三十条 汇票以背书转让或者以背书将一定的汇票权利授予他人行使时，必须记载被背书人名称。
> 《最高人民法院关于审理票据纠纷案件若干问题的规定》（注释［2000］32号）第四十九条 依照票据法第二十七条和第三十条的规定，背书人未记载被背书人名称即将票据交付他人的，持票人在票据被背书人栏内记载自己的名称与背书人记载具有同等法律效力。

所以，建议大家还是在背书的时候写上收款人的名字。

> 《票据法》第二十八条 票据凭证不能满足背书人记载事项的需要，可以加附粘单，粘附于票据凭证上。

因为一张汇票只有两个背书的框，所以背书人就要使用粘单，这个粘单就是因票据不能满足背书记载事项的需要而粘附于票据上的纸张，具有"承上启下"的作用，好比日记账中的"过次页、承前页"。为了保证粘单的有效性和真实性，第一位使用粘单的背书人必须将粘单粘接在票据上，并且在粘接处签章，否则该粘单记载的内容即为无效（见图5-61）。

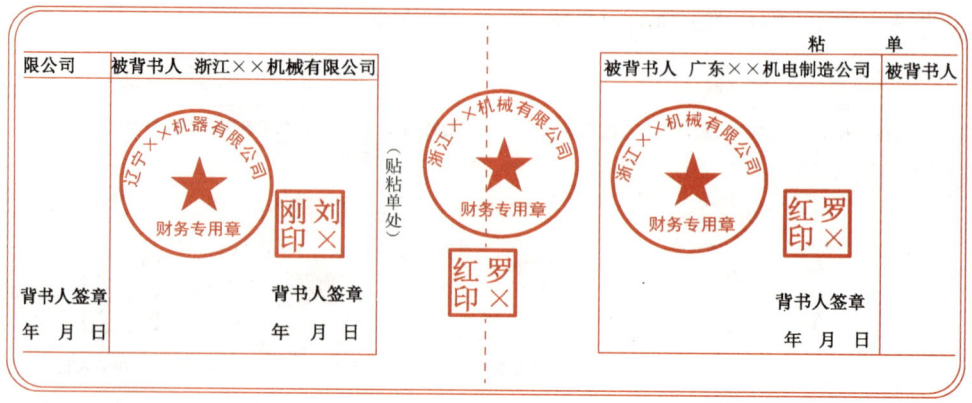

图 5-61 背书粘单示意图

实训演练 5-9 小白用银行汇票支付货款

才收到泰华的银行汇票没几天,就得背书出去了。这次刚好有 4 张付款申请单,而且每张单的申请金额都是 10 万元。公司账上的钱也不多了,有的已经是早就申请好了的,而且好像是知道财务收到了承兑汇票似的,4 张付款申请单上都没写账号、开户行,还在最后的付款方式那里写了"承兑汇票"四个字(见图 5-62 至图 6-65)。

付款申请单					
部门	采购部		日期	2015年01月29日	
收款人	深圳零部件有限公司		收款人开户行		
			收款人账号		
付款金额(大写)	⊗佰 壹拾 零万 零仟 零佰 零圆 零角 零分		(小写)	¥ 100 000.00	
款项用途	购原材料		付款方式	承兑汇票	
领导审批	洪兵	财务审核	程海峰	部门审核	姚远	经办人	宁夏

图 5-62 付款申请单

白小白想:"怪不得上个月财务老大叫我问申请承兑汇票的事。"白小白仔细复核了申请书的收款方名称,这个不用转账,不

付款申请单

部门	采购部				日期:	2015年01月29日	
收款人	成都鑫石机器有限公司			收款人开户行			
				收款人账号			
付款金额(大写)	⊗佰 壹拾 零万 零仟 零佰 零圆 零角 零分				(小写)	￥100 000.00	
款项用途	付壳体款				付款方式	承兑汇票	
领导审批	洪兵	财务审核	程海峰	部门审核	姚远	经办人	宁夏

图 5-63 付款申请单

付款申请单

部门	采购部				日期:	2015年02月05日	
收款人	裕虹汽车零部件厂			收款人开户行			
				收款人账号			
付款金额(大写)	⊗佰 壹拾 零万 零仟 零佰 零圆 零角 零分				(小写)	￥100 000.00	
款项用途	付货款				付款方式	承兑汇票	
领导审批	洪兵	财务审核	程海峰	部门审核	姚远	经办人	宁夏

图 5-64 付款申请单

付款申请单

部门	采购部				日期:	2015年02月05日	
收款人	玉环金新汽车部件有限公司			收款人开户行			
				收款人账号			
付款金额(大写)	⊗佰 壹拾万 零仟 零佰 零圆 零角 零分				(小写)	￥100 000.00	
款项用途	付货款				付款方式	承兑汇票	
领导审批	洪兵	财务审核	程海峰	部门审核	姚远	经办人	宁夏

图 5-65 付款申请单

用核对账号、开户行的。然后，她关掉了工作时不可缺少的音乐，顿时，财务部安静得过于恐怖。她拿出还没捂热的4张承兑汇票，准备在背面写了起来。

白小白一笔一画地写着，跟小学生写字一样，不敢连笔。在提笔写"深州零部件有限公司"时，白小白想起了有一次请假时候的事：汇票是交由其他会计写的，就是把"州"字写成了"卅"，最后承兑的时候才发现，然后还得证明，办理其他很麻烦的手续。

写汇票可不比速度了，白小白好一会儿才把汇票全部写完（见图5-66至图5-69）。

被背书人	深州零部件有限公司	被背书人	（贴粘单处）
	北海隆钜机器有限公司(签章)		
	背书人签章 年 月 日	背书人签章 年 月 日	

图5-66 银行承兑汇票的背书

被背书人	成都鑫石机器有限公司	被背书人	（贴粘单处）
	北海隆钜机器有限公司(签章)		
	背书人签章 年 月 日	背书人签章 年 月 日	

图5-67 银行承兑汇票的背书

被背书人	裕虹汽车零部件厂	被背书人	
北海隆钜机器有限公司(签章)			（贴粘单处）
背书人签章 年 月 日		背书人签章 年 月 日	

图 5-68　银行承兑汇票的背书

被背书人	玉环金新汽车部件有限公司	被背书人	
北海隆钜机器有限公司(签章)			（贴粘单处）
背书人签章 年 月 日		背书人签章 年 月 日	

图 5-69　银行承兑汇票的背书

　　背书完后，白小白直接拿去管印章的程部长那里盖章了。最后，白小白把汇票复印了一份给会计做账，而后就通知宁夏来领汇票了（由她寄给供应商）。在把原件交给宁夏的同时，白小白也不忘叫她在汇票登记本上签领，并叮嘱说："宁夏，等下记得把快递号发给我。"

> **小白如是说**
>
> 　　票据的交付也要注意责任制，交付时一定要经办人签字，如果邮寄的话还要备注到快递号码等，最后由接票方写收据寄回公司才算全部完成汇票的交付业务。

第 5 章　用票据说话——出纳对票据的管理

实训演练 5-10　小白"背书"不清，写证明

汇票"背书"，再怎么小心也阻止不了盖章的财务老大的手气啊。白小白上次写汇票证明的时候也是"死"在"深州零部件有限公司"，这次盖章还是。难道真的是应了莫西子诗唱的那首《要死就一定要死在你手里》的歌名？

白小白想：还好以前有份类似的格式，改一下其中的内容就可以了。证明的内容是根据承兑汇票的票面信息来写的（见图 5-70）。

证　明

中国农业银行股份有限公司含浦县支行：

　　兹贵行开具的银行承兑汇票一份，号码：00888881，金额：（小写）¥100 000.00，（大写）人民币壹拾万元整，出票日期：贰零壹伍年零壹月零叁拾日，到期日期：贰零壹伍年零柒月贰拾玖日，出票人：合浦泰华机械有限公司，收款人：北海隆钜机械有限公司。由于我公司财务人员工作失误，在背书给深州零部件有限公司时，背书人签章处盖章不清。由此引起的经济纠纷由我公司承担，肯请贵行到期予以解付。

　　特此证明。

　　银行预留印鉴：

　　　　　　　　　　　　　　　　　　单位（盖章）：北海隆钜机器有限公司
　　　　　　　　　　　　　　　　　　　　　　2015 年 02 月 05 日

图 5-70　证明

证明上除要盖上银行的预留印鉴外，还要盖上单位公章。全部盖好章后，证明跟汇票的原件是要给供应商的，所以一定要记得汇票跟证明都要复印一份给会计进行账务处理。

5.8 本票是什么

本票是银行开具的一种票据,见票即付,它的流动性是最好的。因为在开具本票时,你的银行账户里必须有这样一笔钱;开具本票后,这笔款项就被冻结,你可以到任何银行或公司在支付时使用。本票等同于现金,其信用比支票好(见图5-71)。

图 5-71　本票的意义

> **小白如是说**
> 汇票与本票具有如下区别:
> (1) 本票是无条件承诺;而汇票为无条件命令。
> (2) 本票的基本当事人有两个,即出票人与收款人;而汇票则有出票人、付款人和收款人三个基本当事人。
> (3) 本票出票人即是付款人,所以远期本票无需办理承兑手续即可付款;而远期汇票则必须办理提示要求承兑和承兑手续,但见票后定期付款的本票则要求持票人向签发人提示见票,并在本票上载明见票日期,这和见票后定期的汇票相同。
> (4) 本票在任何情况下,出票人都是主债务人;而汇票在承兑前出票人是主债务人,在承兑后,承兑人是主债务人。

本票票样如图5-72所示。

银行本票是申请人将款项交存银行,由银行签发凭以办理转账或提取现金的一种票据。本票是自付证券,它是由出票人自己对收款人支付并承担绝对付款责任的票据。这是本票和汇票、支票最重要的区别。在本票法律关系中,基本当事人只有出票人和收款人,

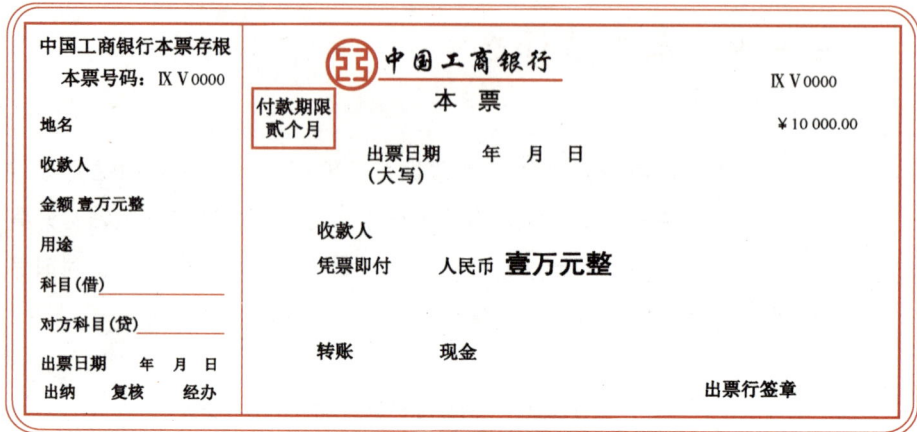

图 5-72 本票票样

债权债务关系相对简单（见图 5-73）。

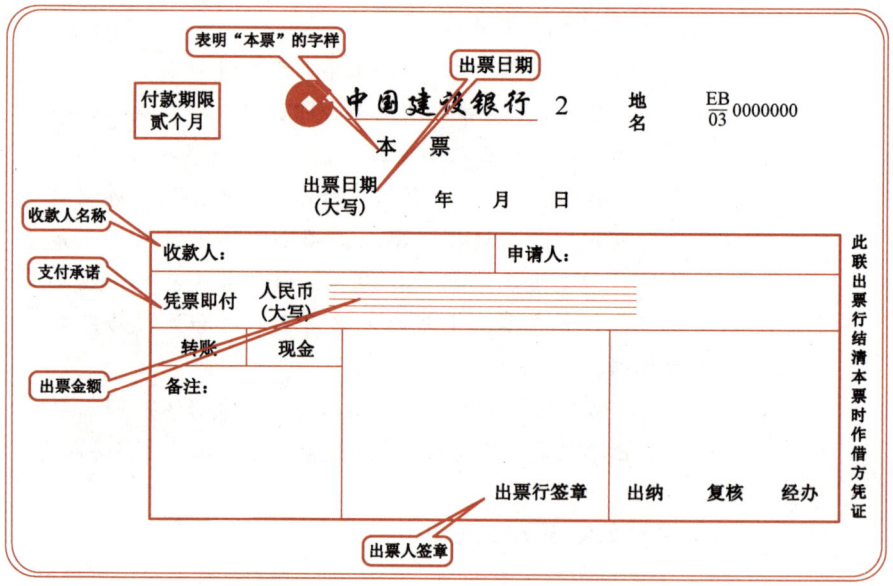

图 5-73 本票的填写方法

随着时代的发展，本票在我国渐成历史。作为一名优秀的出纳，或许极少可能接触本票，但我们至少要认识这样东西。

5.9 为什么说"互联网＋出纳"让出纳工作变得简单

现在的银行转账业务就是用网银进行转账了。开户的时候银行也会建议你开通网银的,开通了网银就可以在电脑上进行转账结算业务,省去了填转账支票、跑银行的麻烦。这也是未来的发展趋势。"互联网＋出纳"也让出纳的工作内容和性质发生悄然变化。

网上转账的操作并不难,只要每个细节合规,主管与出纳之间权责明确,各环节审查严格,就可以将风险控制在可控的范围内。

首先,用 U 盾登录网上银行登录网银,登录后,先点击"转账付款",然后再根据同行还是跨行等情况进行分别操作(见图 5-74)。

其次,填写汇款方账户信息、付款金额、用途就可以了(见

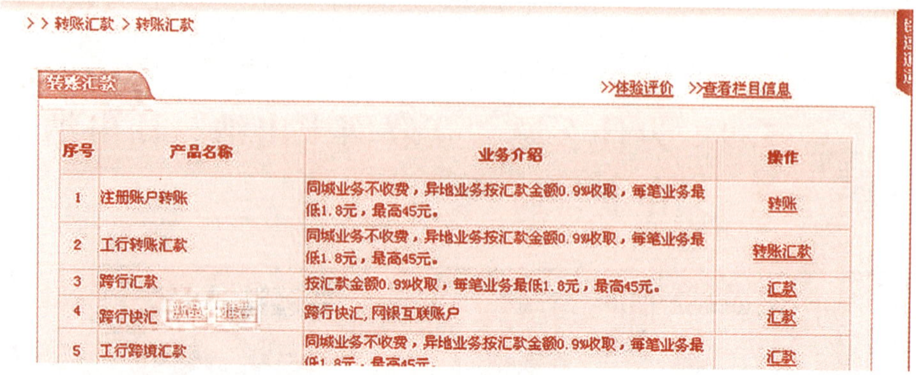

序号	产品名称	业务介绍	操作
1	注册账户转账	同城业务不收费，异地业务按汇款金额0.9%收取，每笔业务最低1.8元，最高45元。	转账
2	工行转账汇款	同城业务不收费，异地业务按汇款金额0.9%收取，每笔业务最低1.8元，最高45元。	转账汇款
3	跨行汇款	按汇款金额0.9%收取，每笔业务最低1.8元，最高45元。	汇款
4	跨行快汇	跨行快汇，网银互联账户	汇款
5	工行跨境汇款	同城业务不收费，异地业务按汇款金额0.9%收取，每笔业务最低1.8元，最高45元。	汇款

图 5-74　转账付款操作

图 5-75）。

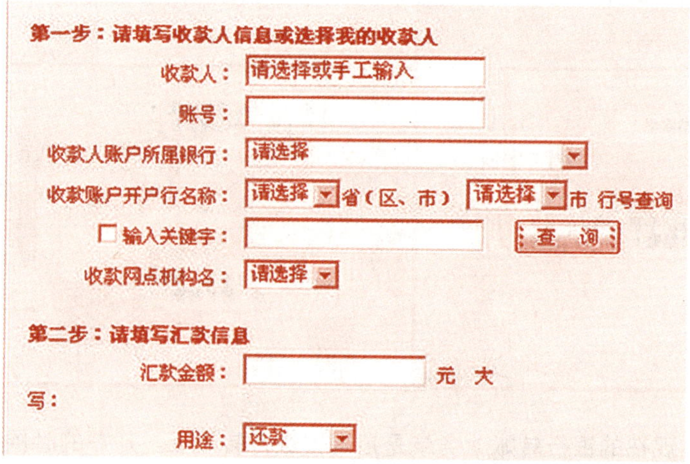

图 5-75　填写相关信息

一般单位都会开通有操作员与复核员，以上就是操作员做的。

当然，出纳千万不要张冠李戴，一定要看准了一笔一笔地转，多检查几次。

网银转账其实不论同城还是异地都是收手续费的。一般同城的收费统一价格，不论金额大小，异地收费按汇款金额折算收取，基本上都是 6‰，但是 1 元钱起，50 元钱封顶。

那么什么是银行落地与不落地？这个主要针对网上银行的，所谓落地，就是指单位进行网上银行的操作，传到银行，银行打出纸质凭证，再按纸质凭证内容办理相关业务，所谓不落地，就是指单位进行网上银行操作，由银行系统直接进行发送的业务处理模式，也可以说没落到银行这块土地上。所以，一般来说，"不落地"的速度比"落地"的快。

在互联网还没有这么发达的时候，托收承付、电汇也是被广泛使用。即使现在，一些没有开通网上银行的公司依然采取电汇等传统支付方式。因此处在转型时期的我们，也需要对这两项内容了解学习！

托收承付，就是比如A公司根据销售合同发货给B公司，A公司就是"托收"方，也就是委托银行收款；B公司就是"承付"方，也就是向银行承认付款。

"言必信，行必果"，托收承付就是这样规定的。

> 《支付结算办法》第一百八十五条 收付双方办理托收承付结算，必须重合同、守信用。收款人对同一付款人发货托收累计3次收不回货款的，收款人开户银行应暂停收款人向该付款人办理托收；付款人累计3次提出无理拒付的，付款人开户银行应暂停其向外办理托收。

也不是哪个单位都可以办理托收承付的。《支付结算办法》第一百八十二条至第一百八十四条有明确规定（见图5-76）。

图5-76 可办理托收承付的三类企业

办理托收承付结算的款项，必须是商品交易，以及因商品交易而产生的劳务供应的款项。代销、寄销、赊销商品的款项，不得办理托收承付结算。

《支付结算办法》还规定，办理托收承付，除符合以上两个条件外，还必须具备以下三个前提条件：

（1）收付双方使用托收承付结算必须签有符合《经济合同法》的购销合同，并在合同中注明使用异地托收承付结算方式。

（2）收款人办理托收，必须具有商品确已发运的证件。

（3）收付双方办理托收承付结算，必须重合同、守信誉。

从这些规定我们可以知晓，托收承付的适用范围还是比较窄。对于一些在私企工作的出纳，就不必考虑托收承付喽。

上面学习了托收承付，接下来我们要学习电汇了。那么什么是电汇呢？

以前，转账支票不能异地使用，所以如果要转账到异地，必须填写电汇凭证或结算凭证（见图5-77）。

银行 电汇凭证 （回单） 1

□普通 □加急　　委托日期　年　月　日

	汇款人	全称		收款人	全称		此联汇出行给汇款人的回单
		账号			账号		
		汇出地点	省　市/县		汇入地点	省　市/县	
		汇出行名称			汇入行名称		
	金额	人民币（大写）		亿 千 百 万 十 万 千 十 元 角 分			
				支付密码			
				附加信息及用途：			
		汇出行签章		复核　　记账			

图 5-77　电汇凭证

电汇凭证的填写方法也很简单，填好汇款人与收款人的信息与汇款金额、用途就可以了。当然，还得盖上银行预留的印鉴。现在，即使没办理网上银行，也可以直接用转账支票，所以，这种电汇凭证可以说是淘汰了。

实训演练 5-11　小白填写结算凭证

白小白刚从银行取完回单回到公司，还没走到办公室，就听到里面为付款的事发愁了。

"这次，供应商要付了款才发货。""你跟对方说款已经付了。""对方要付款的凭证。""程部长明天回来，明天付吧。""明天周末，即使付了对方也发不了货，要等到下周了。生产部等不起。"

既然手续已经全部办完了，财务也不好意思再拖，影响生产是大事。这不，白小白刚进办公室的门，方圆就问她："你那里有结算凭证吧，程部长出差，只是把财务章、法人章交了出来。""还有几张。刚才银行还说3月份要开始换新的结算凭证了，所以正准备拿去换。""把这个款给付了吧，生产部等着工作的。"方圆递上了已经办好手续的付款申请单（见图5-78）。

付款申请单

部门	采购部			日期	2015年01月23日	
收款人	深州零部件有限公司		收款人开户行	深圳零部件有限公司		
			收款人账号	310440135044444		
付款金额(大写)	⊗佰 ⊗拾 贰万 零仟 零佰 零圆 零角 零分				(小写)	￥20 000.00
款项用途	付货款			付款方式	承兑汇票	
领导审批	洪兵	财务审核	程海峰	部门审核	姚远	经办人	宁夏

图 5-78　付款申请单

白小白把取到的回单放一边，从保险柜拿出了结算业务申请书（见图5-79）：业务类型当然是电汇了，汇款方式选择了加急，其他按照付款申请单的收款人信息填了。

最后，会计方圆就在结算申请书上的"申请人签章"那里盖上了银行印鉴。

知道为什么叫出纳是跑银行的吧，刚从银行回来又去银行。相

中国农业银行结算业务申请书

XVI 8888888888

申请日期 2015年01月23日

客户填写	业务类型	☑电汇 □信汇 □汇票 □本票 □其他		汇款方式	□普通 ☑加急									
	申请人	全称	北海隆钜机器有限公司	收款人	全称	深州零部件有限公司								
		账号或地址	20-705101040088888		账号或地址	310440135044444								
		开户行名称	中国农业银行股份有限公司北海分行		开户行名称	中国银行广东分行								
	金额(大写)人民币	贰万圆整				亿	千	百	十	万	千	百	十	元	角	分
						¥			2	0	0	0	0	0	0
	上列款项及相关费用请从我账户内支付。			支付密码										
				附加信息及用途：										
	申请人签章			货款										
银行打印														

图 5-79　结算业务申请书

对于李宇春的《再不疯狂我们就老了》，出纳也自嘲起来——再不跑银行我们就下岗了。

　　回来后，白小白把回单复印了一份给了采购部，原件及付款申请单给了会计做账（见图 5-80）。

记账凭证

第　　号

单位：北海隆钜机器有限公司　　　　2015年01月23日

摘要	总账科目	明细科目	记账	借方									贷方									
				十亿	千	百	十万	千	百	十	元	角	分	十亿	千	百	十万	千	百	十	元	角	分
支付货款	预付账款	深州零部件有限公司					2	0	0	0	0	0	0										
支付货款	银行存款																2	0	0	0	0	0	0
合　计				¥			2	0	0	0	0	0	0	¥			2	0	0	0	0	0	0

附件2张

会计主管：　　　记账：　　　出纳：　　　审核：　　　制单：邹笑荔　　　领款人：

图 5-80　记账凭证

实训演练 5-12　小白进行网银转账

有了网银，减少了出纳跑银行的次数。白小白是深深体会到的。以前除了数钱数到手抽筋，填支票也会填得笔没水，更不用说跑了，再跑赶得上刘翔了。现在，出纳都能在网上搞定了转账业务。

今天得处理分公司的转账业务，白小白根据会计审核完的付款申请单进行网银录入及提交。

首先，白小白进入网银，选择"付款业务"—"转账"—"单笔转账"后，点击"新建"按钮（见图 5-81）。

图 5-81　网银转账步骤一

其次，白小白就按付款申请单内容输入交易信息（网银转账步骤一）（见图 5-82）。

因为这不是第一次进行网上转账了，所以收款人信息都会保存在用户的网银信息中，除了"金额（小写）"要手动输入以外，剩下的都可以从下拉列表中选择了。

(1) 选择"转出账户"：也就是付款方的信息，即该对哪个公司进行转账。

(2) 选择收款方信息：根据付款申请单上的收款人名称、账号、开户行进行选择，一般先选择分组，然后再选择账户信息，如果收款方数量多的话才选择分组的；如果是新的收款单位，要点击"转入账户"那行的"登记"按钮进行录入了。

(3) 填写"金额（小写）"：按照付款申请单的内容填写。

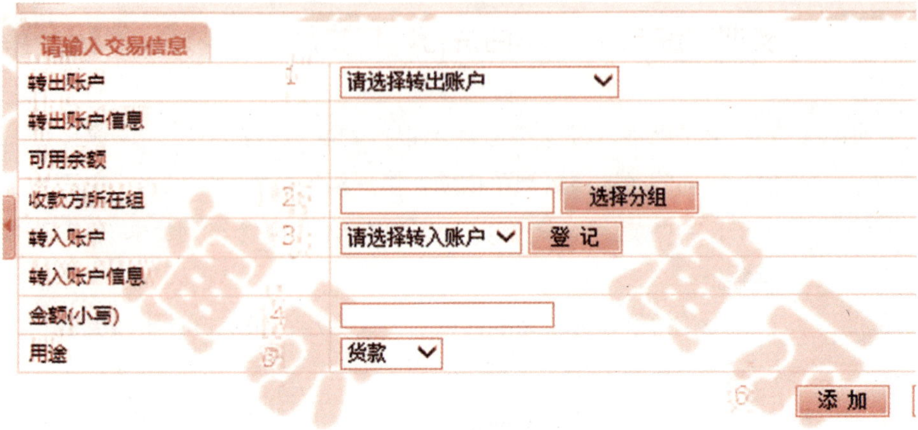

图 5-82 网银转账步骤二

(4) 用途：也是可以选择的，如果是要手工填写，可以在下拉菜单那里选择"其他"，然后就可以在弹出的文本框内手工录入了。

填好的网银转账页面如图 5-83 所示。

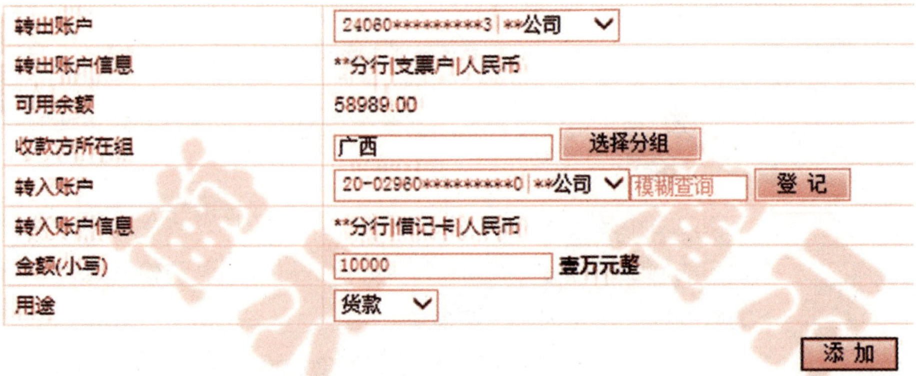

图 5-83 填好的网银转账页面

白小白再核对一下，确定没问题了，就点击图 5-82 下面的"添加"按钮，刚才录入的信息就会显示到下方的框中（见图 5-84），点击"确定"按钮后，录入的信息就提交到了复核员那里了。

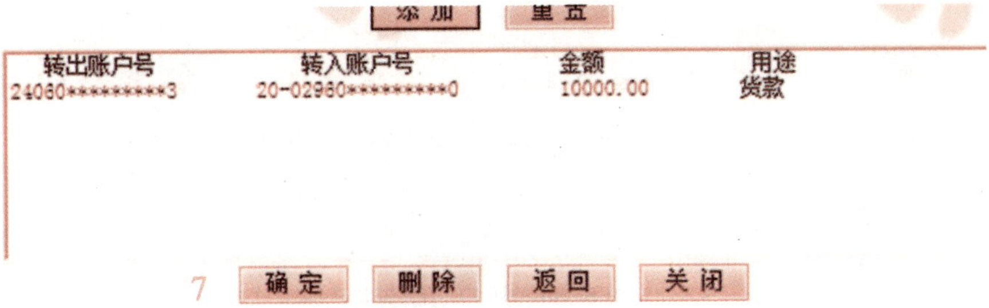

图 5-84　确认录入的信息

实训演练 5-13　小白登录网银去查询客户回款

白小白总习惯每天登录一下网上银行，这次也不例外。正准备登录呢，销售部来了电话："小白，帮忙查一下正美的钱到账了没？""小黄，我们是不是心有灵犀呢，我正登录呢，查好后再给你回复。"

（以下操作为演示版）

白小白是有操作员权限的，所以她以操作员身份登录了网上银行（见图 5-85）。

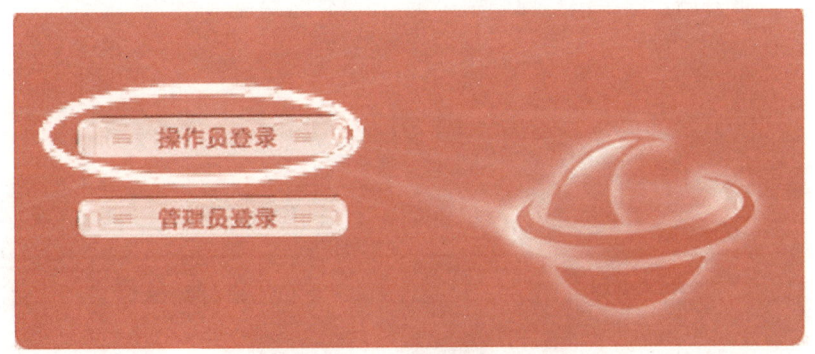

图 5-85　操作员登录

白小白打开了页面，点击"账户管理"下面的"账户明细查询"（见图 5-86）。

白小白在弹出的"账户明细查询"对话框里输入查询的条件，也就是选择要查询的账户、开始日期、结束日期（见图 5-87）。

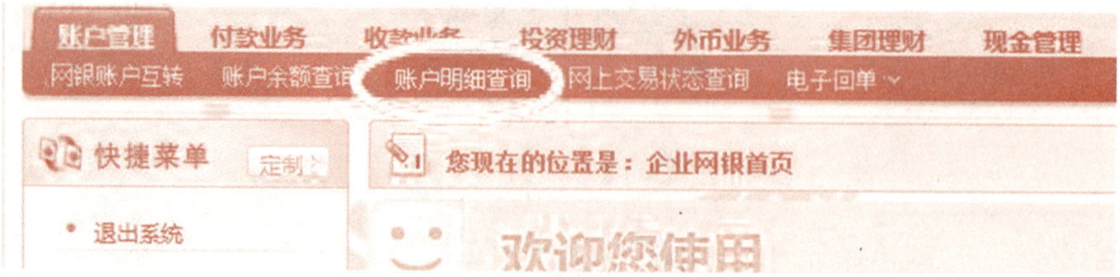

图 5-86　账户明细查询

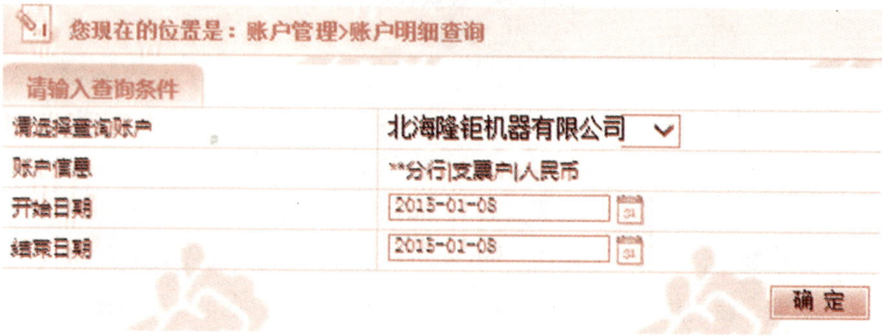

图 5-87　输入查询条件

点击"确定"按钮后,白小白就可以查出明细了。

查完后,白小白打电话给小黄,"没有回款"。

5.10　发放工资由出纳负责

小白如是说

"每个月从发工资那天起,开始是嚣张地活一个星期,然后淡定地活一个星期,接着无奈地活一个星期,最后在对工资的无限期盼中活一个星期……"你们是不是有这样的体会呢?作为财务部的一员,出纳对发工资的那一天又期待又不期待,因为,发工资那一天很忙。

发工资是每位工薪阶层最期盼的时刻。在互联网并不发达的以前,发工资对出纳而言最为头疼,并且有的公司并不通过银行转账,而是发放现金。这给出纳工作带来很多麻烦。而如今发工资基本是通过银行代发,出纳的工作就减轻不少。

虽然,计算工资的不是出纳,但是作为发放工资的最后一关,出纳也是要复核的。所以,出纳一定要知道工资的核算方法。

工资最主要的依据还是人力资源部做的考勤表,现在办公基本实现电脑化了,考勤表自然也是电子版的了。

目前,大部分单位的工资都是根据原劳动部发布的《关于职工全年月平均工作时间和工资折算问题的通知》来定的。法定节假日用人单位应当依法支付工资,即折算日工资、小时工资时不剔除国家规定的11天法定节假日。据此,日工资、小时工资的折算为:

日工资 = 月工资收入 ÷ 月计薪天数

小时工资 = 月工资收入 ÷ (月计薪天数 × 8 小时)

月计薪天数 = (365 天 - 104 天) ÷ 12 月 = 21.75(天)

还有一些私企实行的是单休，也会以实际应出勤天数来核算月薪工资：天数就是全月天数减去周日的天数，就不止 21.75 天了。其月薪的工资计算，就以 "基本工资÷应出勤天数×实际出勤天数" 来计算了。

那么如何计算加班工资呢？现在私人企业很多都不按规定计算加班工资，有的只能是 "补休" 来代替。正确的加班工资的计算在我国《劳动法》里是有规定的。

> 《劳动法》第四十四条　有下列情形之一的，用人单位应当按照下列标准支付高于劳动者正常工作时间工资的工资报酬：
> （一）安排劳动者延长工作时间的，支付不低于工资的百分之一百五十的工资报酬；
> （二）休息日安排劳动者工作又不能安排补休的，支付不低于工资的百分之二百的工资报酬；
> （三）法定休假日安排劳动者工作的，支付不低于工资的百分之三百的工资报酬。

那么工资表包括哪些内容呢？每个单位的工资表都差不多，大体上都包括应发部分、代扣部分和实发工资。填制式的工资表像空白凭证一样，都是可以购买的（见图5-88）。

员工工资表
年　月　日

编号	姓名	出勤	应发金额				应扣金额						实发工资（元）	签字
			基本工资			合计（元）	代缴费用			请假扣款（元）	迟到扣款（元）	其他扣款（元）	应扣合计（元）		
			岗位工资	全勤奖	补助		社保（元）	住房公积金（元）	个税（元）						
1						0.00							0.00	0.00	
2						0.00							0.00	0.00	
3						0.00							0.00	0.00	
4						0.00							0.00	0.00	
5						0.00							0.00	0.00	
6						0.00							0.00	0.00	
7						0.00							0.00	0.00	
8						0.00							0.00	0.00	
9						0.00							0.00	0.00	
10						0.00							0.00	0.00	

图 5-88　员工工资表

现在多数单位都编制电子工资表了，表里全部设置公式，再与考勤表、绩效表等结合，剩下的内空直接生成，编制、审核完成后就直接打印出来了。公式完美，效率自然就提高了。

在工资计算过程中，有一项工作和财务人员息息相关，那就是代扣个人所得税。影响代扣个人所得税的因素包括应付工资和"五险一金"。

> 《个人所得税法实施条例》第二十五条　按照国家规定，单位为个人缴付和个人缴付的基本养老保险费、基本医疗保险费、失业保险费、住房公积金，从纳税义务人的应纳税所得额中扣除。

个人所得税的计算公式如下：

应纳个人所得税＝应纳税所得额
　　　　　　＝工资－"三险一金"－个税起征点×税率－速算扣除数

式中，工资为应发工资；"三险一金"是指养老保险、医疗保险、失业保险、住房公积金（属于"五险一金"的工伤保险和生育保险不算在这里）；现在个人所得税的起征点是3 500元。

算出应纳税所得额之后，再在个人所得税税率表（见表5-3）中找到其所对应的税率和速算扣除数，即可求得应纳个人所得税。

表 5-3　　　　个人所得税税率表（工资薪金所得适用）

级数	全月应纳税所得额 （含税级距）	全月应纳税所得额 （不含税级距）	税率	速算扣除数
1	不超过1 500元	不超过1 455元的	3%	0
2	超过1 500元至4 500元的部分	超过1 455元至4 155元的部分	10%	105
3	超过4 500元至9 000元的部分	超过4 155元至7 755元的部分	20%	555
4	超过9 000元至35 000元的部分	超过7 755元至27 255元的部分	25%	1 005
5	超过35 000元至55 000元的部分	超过27 255元至41 255元的部分	30%	2 755
6	超过55 000元至80 000元的部分	超过41 255元至57 505元的部分	35%	5 505
7	超过80 000元的部分	超过57 505元的部分	45%	13 505

举个例子，算出来个人所得税的应纳税所得额是500元，那么，就属于表5-3中的1级数，税率适用3%，速算扣除数是0，所

以应交的个人所得税为 15 元（500×3%）。

那么如何运用 Excel 制作员工工资条呢？出纳可以按以下步骤操作：

第一步，复制工资表，在工资表最后一空白列输入 1，2，3…（见图 5-89。注：输入的数字与工资表的行数相同）。

工号	姓名	基本工资	提成	奖金	小计	迟到	事假	旷工	小计	应付工资	代扣个税	实付工资	
No.0001	罗**	2 300.00	2 200.00	200.00	4 700.00		50.00		50.00	4 650.00	453.75	4 196.25	1
No.0002	张**	2 500.00	2 300.00	200.00	5 000.00				—	5 000.00	506.25	4 493.75	2
No.0003	欧**	2 000.00	2 300.00	200.00	4 500.00		50.00		50.00	4 450.00	423.75	4 026.25	3
No.0004	李**	2 000.00	3 300.00	200.00	5 500.00				—	5 500.00	581.25	4 918.75	4
No.0005	艾**	2 000.00	2 300.00	200.00	4 500.00				—	4 500.00	431.25	4 068.75	5
No.0006	刘**	2 000.00	2 500.00	200.00	4 200.00		150.00		150.00	4 050.00	363.75	3 686.25	6
No.0007	杨**	1 800.00	3 800.00	200.00	5 500.00				—	5 500.00	581.25	4 918.75	7
No.0008	陈**	1 800.00	3 000.00	200.00	5 800.00				—	5 800.00	626.25	5 173.75	8
No.0009	周**	1 800.00	3 200.00	200.00	5 000.00				—	5 000.00	506.25	4 493.75	9
No.0010	王**	1 800.00	3 300.00	200.00	5 200.00				—	5 200.00	536.25	4 663.75	10

图 5-89　第一步

第二步，在刚输入的数字下面向下输入 1.1，2.1，3.1…，比上面的数据少一行（见图 5-90）。

工号	姓名	基本工资	提成	奖金	小计	迟到	事假	旷工	小计	应付工资	代扣个税	实付工资	
No.0001	罗**	2 300.00	2 200.00	200.00	4 700.00		50.00		50.00	4 650.00	453.75	4 196.25	1
No.0002	张**	2 500.00	2 300.00	200.00	5 000.00				—	5 000.00	506.25	4 493.75	2
No.0003	欧**	2 000.00	2 300.00	200.00	4 500.00		50.00		50.00	4 450.00	423.75	4 026.25	3
No.0004	李**	2 000.00	3 300.00	200.00	5 500.00				—	5 500.00	581.25	4 918.75	4
No.0005	艾**	2 000.00	2 300.00	200.00	4 500.00				—	4 500.00	431.25	4 068.75	5
No.0006	刘**	2 000.00	2 000.00	200.00	4 200.00		150.00		150.00	4 050.00	363.75	3 686.25	6
No.0007	杨**	1 800.00	3 500.00	200.00	5 500.00				—	5 500.00	581.25	4 918.75	7
No.0008	陈**	1 800.00	3 800.00	200.00	5 800.00				—	5 800.00	626.25	5 173.75	8
No.0009	周**	1 800.00	3 000.00	200.00	5 000.00				—	5 000.00	506.25	4 493.75	9
No.0010	王**	1 800.00	3 200.00	200.00	5 200.00				—	5 200.00	536.25	4 663.75	10
													1.1
													2.1
													3.1
													4.1
													5.1
													6.1
													7.1
													8.1
													9.1
													10.1

图 5-90　第二步

第三步，将刚才输入的列进行升序排列（见图 5-91）。

第四步，选定工作表，按 "Ctrl" + "G" 组合键进行定位，定位条件选择 "空值"（见图 5-92）。

第五步，在编辑栏中输入 "＝A＄1"，然后按住 "Ctrl" 键不放并敲回车键。最后把刚才的排序列删除，在工资表加个边框，就大功告成了（见图 5-93）。

工号	姓名	基本工资	提成	奖金	小计	迟到	事假	旷工	小计	应付工资	代扣个税	实付工资
No.0001	罗**	2 300.00	2 200.00	200.00	4 700.00		50.00		50.00	4 650.00	453.75	4 196.25
No.0002	张**	2 500.00	2 300.00	200.00	5 000.00				—	5 000.00	506.25	4 493.75
No.0003	欧**	2 000.00	2 300.00	200.00	4 500.00		50.00		50.00	4 450.00	423.75	4 026.25
No.0004	李**	2 000.00	3 300.00	200.00	5 500.00				—	5 500.00	581.25	4 918.75
No.0005	艾**	2 000.00	2 300.00	200.00	4 500.00				—	4 500.00	431.25	4 068.75
No.0006	刘**	2 000.00	2 000.00	200.00	4 200.00	—	150.00	—	150.00	4 050.00	363.75	3 686.25
No.0007	杨**	1 800.00	3 500.00	200.00	5 500.00				—	5 500.00	581.25	4 918.75
No.0008	陈**	1 800.00	3 800.00	200.00	5 800.00				—	5 800.00	626.25	5 173.75
No.0009	周**	1 800.00	3 000.00	200.00	5 000.00				—	5 000.00	506.25	4 493.75
No.0010	王**	1 800.00	3 200.00	200.00	5 200.00				—	5 200.00	536.25	4 663.75

图 5-91 第三步

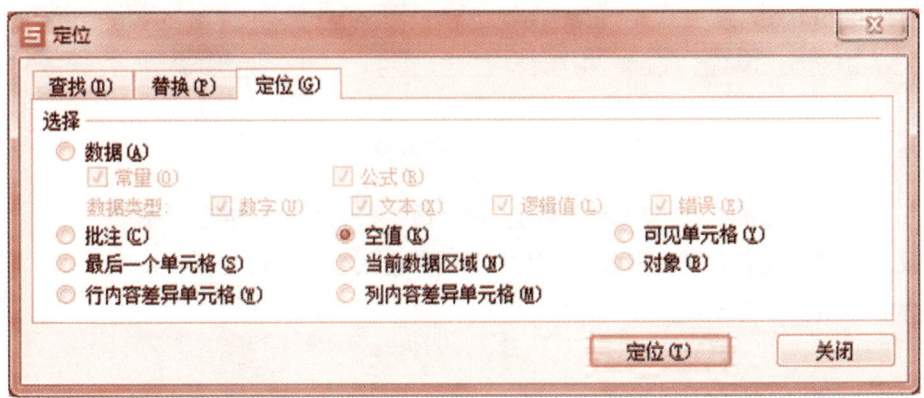

图 5-92 第四步

工号	姓名	基本工资	提成	奖金	小计	迟到	事假	旷工	小计	应付工资	代扣个税	实付工资
No.0001	罗**	2 300.00	2 200.00	200.00	4 700.00		50.00		50.00	4 650.00	453.75	4 196.25
工号	姓名	基本工资	提成	奖金	小计	迟到	事假	旷工	小计	应付工资	代扣个税	实付工资
No.0002	张**	2 500.00	2 300.00	200.00	5 000.00				—	5 000.00	506.25	4 493.75
工号	姓名	基本工资	提成	奖金	小计	迟到	事假	旷工	小计	应付工资	代扣个税	实付工资
No.0003	欧**	2 000.00	2 300.00	200.00	4 500.00		50.00		50.00	4 450.00	423.75	4 026.25
工号	姓名	基本工资	提成	奖金	小计	迟到	事假	旷工	小计	应付工资	代扣个税	实付工资
No.0004	李**	2 000.00	3 300.00	200.00	5 500.00				—	5 500.00	581.25	4 918.75
No.0005	艾**	2 000.00	2 300.00	200.00	4 500.00				—	4 500.00	431.25	4 068.75
No.0006	刘**	2 000.00	2 000.00	200.00	4 200.00	—	150.00	—	150.00	4 050.00	363.75	3 686.25
No.0007	杨**	1 800.00	3 500.00	200.00	5 500.00				—	5 500.00	581.25	4 918.75
工号	姓名	基本工资	提成	奖金	小计	迟到	事假	旷工	小计	应付工资	代扣个税	实付工资
No.0008	陈**	1 800.00	3 800.00	200.00	5 800.00				—	5 800.00	626.25	5 173.75
工号	姓名	基本工资	提成	奖金	小计	迟到	事假	旷工	小计	应付工资	代扣个税	实付工资
No.0009	周**	1 800.00	3 000.00	200.00	5 000.00				—	5 000.00	506.25	4 493.75
工号	姓名	基本工资	提成	奖金	小计	迟到	事假	旷工	小计	应付工资	代扣个税	实付工资
No.0010	王**	1 800.00	3 200.00	200.00	5 200.00				—	5 200.00	536.25	4 663.75

图 5-93 第五步

第六步，也可以将图美化一下，用刚才的方法，用空白行将每个员工的工资信息区分开（见图 5-94）。

工资条做好后，出纳就要大显身手了！

第 5 章 用票据说话——出纳对票据的管理

工号 No.0001	姓名 罗**	基本工资 2 300.00	提成 2 200.00	奖金 200.00	小计 4 700.00	迟到 —	事假 50.00	旷工 —	小计 50.00	应付工资 4 650.00	代扣个税 453.75	实付工资 4 196.25
工号 No.0002	姓名 张**	基本工资 2 500.00	提成 2 300.00	奖金 200.00	小计 5 000.00	迟到 —	事假 —	旷工 —	小计 —	应付工资 5 000.00	代扣个税 506.25	实付工资 4 493.75
工号 No.0003	姓名 欧**	基本工资 2 000.00	提成 2 300.00	奖金 200.00	小计 4 500.00	迟到 —	事假 50.00	旷工 —	小计 50.00	应付工资 4 450.00	代扣个税 423.75	实付工资 4 026.25
工号 No.0004	姓名 李**	基本工资 2 000.00	提成 3 300.00	奖金 200.00	小计 5 500.00	迟到 —	事假 —	旷工 —	小计 —	应付工资 5 500.00	代扣个税 581.25	实付工资 4 918.75
工号 No.0005	姓名 艾**	基本工资 2 000.00	提成 2 300.00	奖金 200.00	小计 4 500.00	迟到 —	事假 —	旷工 —	小计 —	应付工资 4 500.00	代扣个税 431.25	实付工资 4 068.75
工号 No.0006	姓名 刘**	基本工资 2 000.00	提成 2 000.00	奖金 200.00	小计 4 200.00	迟到 —	事假 150.00	旷工 —	小计 150.00	应付工资 4 050.00	代扣个税 363.75	实付工资 3 686.25
工号 No.0007	姓名 杨**	基本工资 1 800.00	提成 3 500.00	奖金 200.00	小计 5 500.00	迟到 —	事假 —	旷工 —	小计 —	应付工资 5 500.00	代扣个税 581.25	实付工资 4 918.75
工号 No.0008	姓名 陈**	基本工资 1 800.00	提成 3 800.00	奖金 200.00	小计 5 800.00	迟到 —	事假 —	旷工 —	小计 —	应付工资 5 800.00	代扣个税 626.25	实付工资 5 173.75
工号 No.0009	姓名 周**	基本工资 1 800.00	提成 3 000.00	奖金 200.00	小计 5 000.00	迟到 —	事假 —	旷工 —	小计 —	应付工资 5 000.00	代扣个税 506.25	实付工资 4 493.75
工号 No.0010	姓名 王**	基本工资 1 800.00	提成 3 200.00	奖金 200.00	小计 5 200.00	迟到 —	事假 —	旷工 —	小计 —	应付工资 5 200.00	代扣个税 536.25	实付工资 4 663.75

图 5-94　第六步

以前，工资都是用现金发放的，每个员工领工资的时候都得签个名，然后还会有张工资条。而现在单位都会跟银行签订工资代发的协议（见图 5-95）。

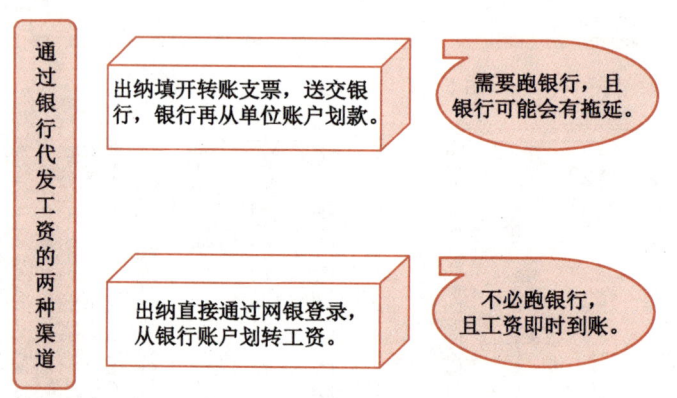

图 5-95　工资发放渠道

实训演练 5-14　小白发工资

2015 年 1 月 15 日，一大早，白小白的手机响起了"终于等到你,还好我没放弃~~"的铃声,真的如铃声所唱的那样,终于等到了发工资的日子。北海隆钜机器有限公司的工资是由银行代发的,所以要按银行代发工资的程序走。尽管是第二次参与发放工资,但她已经基本熟悉了工资的发放流程。工资表是行政部做的,会计审核好后交给白小白。白小白打印出了U盘的工资表,该工资表是按银行规定的格式做的(见图5-96)。

北海隆钜机器有限公司2015年1月工资表

序号	姓名	账号	金额
1	洪 兵	622848************	4 170.00
2	胡 媛	622848************	3 685.00
3	程海峰	622848************	2 600.00
4	黄凯芸	622848************	4 649.00
5	黄诗桦	622848************	2 500.00
6	袁 媛	622848************	1 700.00
7	莫 莉	622848************	1 700.00
8	甄 晴	622848************	1 700.00
9	蓝 歌	622848************	2 700.00

图 5-96 工资表

接下来的步骤就是转账支票和进账单的填写了。

填写转账支票对于白小白来说也是小菜一碟,只是在填写支付工资的转账支票(见图5-97)时在"收款人"处应写"北海隆钜机器有限公司工资户",其他地方的填写与一般转账支票的填写都差不多。

相应地,也要填上进账单。这个进账单的填写方法(见图5-98)和一般的进账单类似,但应注意"收款人"的填写,应在公司全称后面加上"工资户"三个字,账号不用填(银行会帮你填的),开户行的填写和一般的进账单相同,然后就是票据种类、张数、号码了。当然,出票人这里也是提前填好的,所以不一会儿,白小白就把进账单填好了。

U盘的工资表是为了银行方便批量发放的,纸质的工资表是银

图 5-97 转账支票

图 5-98 进账单

行保存的，转账支票是从公司账上划款用的，进账单列明应该发放工资的总额。白小白虽说以前没接触过这些，但在第一次发工资后，她就总结出来了。

U盘、银行格式的工资表、转账支票、进账单全部整理完毕后，白小白只要到银行去就可以完成工资发放的工作了。

回到公司，白小白把原始凭证拿给了会计。这些原始凭证包括工资表、转账支票存根和进账单回单等（见图5-99至图5-101）。

2015年1月分员工工资表

序号	姓名	工资标准	出勤天数	加班天数	工作计划考核	基本工资	职务工资	效益工资	考勤工资	工龄工资	加班工资	其他	应发工资	个人所得税	电话费	水电费	饭卡	实发工资
1	洪兵	4 500.00	27		100%	4 500.00						—	4 500.00	30.00			300.00	4 170.00
2	胡媛	4 000.00	27		100%	4 000.00						—	4 000.00	15.00			300.00	3 685.00
3	程海峰	2 600.00	27		100%	2 600.00						—	2 600.00	—				2 600.00
5	黄凯芸	5 000.00	27		100%	5 000.00							5 000.00	45.00		6.00	300.00	4 649.00
9	黄诗桦	2 800.00	27		100%	2 800.00							2 800.00				300.00	2 500.00
12	袁媛	2 000.00	27		100%	2 000.00							2 000.00				300.00	1 700.00
13	莫莉	2 000.00	27		100%	2 000.00							2 000.00				300.00	1 700.00
14	甄晴	2 000.00	27		100%	2 000.00							2 000.00				300.00	1 700.00
15	蓝歌	3 000.00	27		100%	3 000.00							3 000.00				300.00	2 700.00

图 5-99　工资表

```
中国农业银行
转账支票存根
CX
02  07777777

附加信息


出票日期 2015年01月15日
收款人： 北海隆钜机器有限公司工资户
金额： ￥153 264.61
用途： 12月份工资
单位主管    会计
```

图 5-100　转账支票存根

中国农业银行广西区分行进账单

2015年01月15日

出票人	全称	北海隆钜机器有限公司	收款人	全称	北海隆钜机器有限公司工资户
	账号	20-705101040088888		账号	21-705101040012345
	开户银行	中国农业银行股份有限公司北海分行		开户银行	中国农业银行股份有限公司北海分行

金额	人民币（大写）	壹拾伍万叁仟贰佰陆拾肆圆陆角壹分	亿 千 百 十 万 千 百 十 元 角 分
			￥ 1 5 3 2 6 4 6 1

票据种类	转账支票	票据张数	1	
票据号码		07777777		

复核：　　记账：　　　　　　　　　　　　开户银行签章

图 5-101　进账单回单

此外，白小白提交给会计的原始凭证还包括银行发放工资的明细表，该表要等银行发完工资后才能打印出来的，所以只有到下次去银行才能拿了。白小白已将其写在工作备忘录里了。

最后，白小白收到了会计做的记账凭证（见图5-102）。

记 账 凭 证

第　　号

单位：北海隆钜机器有限公司　　　2015年01月15日

摘要	总账科目	明细科目	记账	借方	贷方
				十亿千百十万千百十元角分	十亿千百十万千百十元角分
发放12月份员工工资	应付职工薪酬			17000000	
发放12月份员工工资	应交税费	应交个人所得税			18039
发放12月份员工工资	管理费用	水电费			5500
发放12月份员工工资	管理费用	员工福利			1650000
发放12月份员工工资	银行存款				15326461
合计				¥17000000	¥17000000

附件4张

会计主管：　　　记账：　　　出纳：　　　审核：　　　制单：邹笑荔　　　领缴款人：

图 5-102　记账凭证

小白如是说

　　对于已经做了记账凭证但附件不全的，出纳要拿本子记录好，待附件补进去了再把备注划掉。

第6章

流水潺潺 清澈见底
——账簿的登记与管理

6.1 出纳为什么要做好流水账

人们平时在用借记卡或者是用信用卡消费、转账的时候,如果次数较少,大脑还可以清楚记得;但交易次数频繁了,就会忘记很多业务。对于一家公司而言,无论是现金支付还是银行转账,更是要求账目清晰。对于出纳而言,其最离不开的是日记账。日记账会帮着出纳更好地管理现金及银行存款。如果将公司资金比作潺潺流水,有汇入也有流出,出纳可以通过日记账,让"流水"清澈见底，过程清晰（见图6-1）。

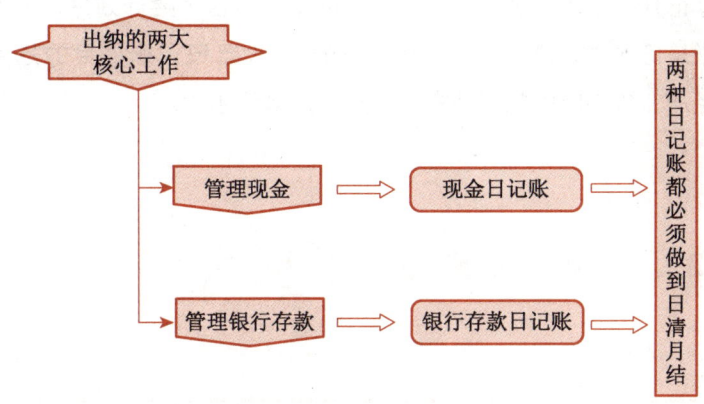

图 6-1　出纳的两大核心工作

由图6-1可以看出，出纳是通过日记账的方式来更加清晰地管理现金、银行存款的。日记账是出纳的流水账，最终实现现金日记账和银行存款日记账的日清月结。

> **小白如是说**
> 　　日清月结是出纳必须要做的，可拖延不得。"日清"关系到每天出纳手头上的钱是否与账对得上。当然，"日"不及时"清"，"月"就不能"结"，更不用谈与会计对账了，这影响的不只是出纳自己——会计与出纳对完账后还得在报税日前加班加点地做完所有的工作。

日清月结是出纳办理现金出纳工作的基本原则和要求，也是避免出现长款、短款的重要措施。日清月结是通俗的说法，它在会计上是指按时、逐笔、序时地登记、结转账簿，主要用在现金、银行存款日记账等"流水账"的管理中。

不同的单位，由于其经济性质、规模大小等的不同，设置的出纳日记账种类及格式也就大同小异了。比如，仅涉及现金的单位，只要设置现金日记账就可以了；涉及银行存款的单位，如果只开一个银行账户，就需设立一本银行存款日记账，如果开了几个银行账户，则需要登记几本银行存款日记账，或者在一本银行存款日记账上登记几个业务不多的银行存款日记账（但这个要计划好，因为日记账是订本式账簿，不能随便撕毁的）。设置日记账的目的是为了使经济业务的时间顺序清晰地反映在账簿记录中。

6.2 现金日记账如何填写

小白如是说

看到"日记"二字，我就想起小学时，语文老师每天布置的作业之一就是日记，没想到，做了出纳后，日记还是"阴魂不散"啊。日记账，就是每天（日）按照经济业务

> 发生或完成的时间先后顺序逐笔进行登"记"的"账"簿。它一般分为现金日记账和银行存款日记账两种。当然，日记账也有普通日记账和转账日记账。

现金日记账是由出纳根据有关库存现金收、付的记账凭证，按时间顺序逐日逐笔进行登记，逐日结出现金余额，并与库存现金实存数核对，以检查每日现金收付是否有误的账簿。它是用来核算和监督库存现金每天的收入、支出和结存情况的账簿。

无论是现金日记账还是银行存款日记账，其种类主要有两种（见图6-2）。

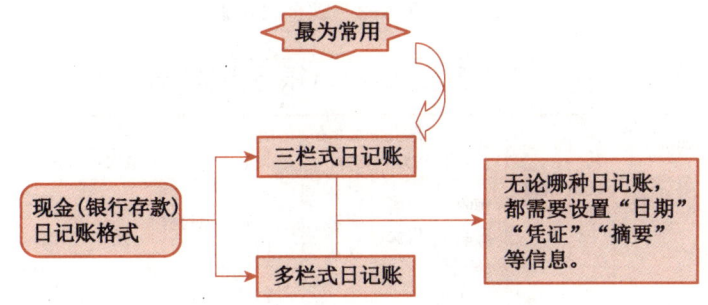

图6-2 现金日记账的种类

一般而言，常见的日记账是三栏式的。三栏式现金日记账设借方、贷方和余额三个基本的金额栏目，也有称这三个栏目为收入、支出和结余的（见图6-3）。

多栏式现金日记账是在三栏式现金日记账基础上发展起来的。这种日记账的借方（收入）和贷方（支出）金额栏都按对方科目设专栏，也就是按收入的来源和支出的用途设专栏。这种格式在月末结账时，可以结出各收入来源专栏和支出用途专栏的合计数，方便对现金收支的合理性、合法性进行审核分析，以及检查财务收支计划的执行情况（见图6-4）。

日记账填写的方法都是一样的。出纳根据与现金收付相关的记账凭证，按时间顺序逐日逐笔进行登记，并根据"上日余额+本日

图 6-3 现金日记账

图 6-4 多栏式现金日记账

收入－本日支出＝本日余额"的公式,逐日结出余额(见图 6-5)。

对于"余额"这栏需要重点说一下,不论什么情况下,"库存现金"或"银行存款"科目都不允许出现贷方余额(也就是常说的赤字),所以,日记账余额栏前如果没有印有借贷方向一列,余额方向都默认为借方。如果在登记日记账过程中,由于登账顺序等特殊原因出现了贷方余额,应该进行凭证的调整。

银行存款日记账

第　　页

年		凭证		摘要	借方	贷方	借或贷	余额	核对
月	日	种类	号数		亿千百十万千百十元角分	亿千百十万千百十元角分		亿千百十万千百十元角分	

日期：" 日期"栏中填入的就是记账凭证的日期，既不能填写原始凭证上的日期，也不能填写实际登记该账簿的日期（如果不按时登记的话就对不上了）。

凭证种类：如果单位采用通用凭证格式，"凭证种类"写"记"；如果单位采用专用凭证格式，需根据实际情况填写"收"或"付"（转账凭证不用登在日记账中）。

凭证号数："凭证号数"中填入的也是记账凭证上面的编号了，所以在记账之前要把当天的凭证接着上一天的顺序编号。

摘要："摘要"栏简要说明入账的经济业务的内容，内容要简明扼要。

借方、贷方："借方金额"栏、"贷方金额"栏应根据相关凭证中记录的"库存现金/银行存款"科目的借方金额、贷方金额填列。

余额：除了最后一行"过次页"和"本月合计""累计"行的余额栏，其他的"余额"栏都是根据"上行余额+本行借方余额－本行贷方余额=本行余额"公式计算填入。

对应科目：有的账本上会有"对应科目"一栏，这里应填的是会计分录中"库存现金/银行存款"科目的对应科目，也有的是留空的。

图 6-5　银行存款日记账的编制方法

下面是登记账簿的一些基本要求，各位朋友需要注意这些事项。

《会计基础工作规范》第六十条　会计人员应当根据审核无误的会计凭证登记会计账簿。登记账簿的基本要求是：

（一）登记会计账簿时，应当将会计凭证日期、编号、业务内容摘要、金额和其他有关资料逐项记入账内，做到数字准确、摘要清楚、登记及时、字迹工整。

（二）登记完毕后，要在记账凭证上签名或者盖章，并注明已经登账的符号，表示已经记账。

（三）账簿中书写的文字和数字上面要留有适当空格，不要写满格；一般应占格距的二分之一。

（四）登记账簿要用蓝黑墨水或者碳素墨水书写，不得使用圆珠笔（银行的复写账簿除外）或者铅笔书写。

（五）下列情况，可以用红色墨水记账：

1. 按照红字冲账的记账凭证，冲销错误记录；
2. 在不设借贷等栏的多栏式账页中，登记减少数；
3. 在三栏式账户的余额栏前，如未印明余额方向的，在余额栏内登记负数余额；
4. 根据国家统一会计制度的规定可以用红字登记的其他会计记录。

（六）各种账簿按页次顺序连续登记，不得跳行、隔页。如果发生跳行、隔页，应当将空行、空页划线注销，或者注明"此行空白""此页空白"字样，并由记账人员签名或者盖章。

（七）凡需要结出余额的账户，结出余额后，应当在"借或贷"等栏内写明"借"或者"贷"等字样。没有余额的账户，应当在"借或贷"等栏内写"平"字，并在余额栏内用"0"表示。

现金日记账和银行存款日记账必须逐日结出余额。

（八）每一账页登记完毕结转下页时，应当结出本页合计数及余额，写在本页最后一行和下页第一行有关栏内，并在摘要栏内分别注明"过次页"和"承前页"的字样；也可以将本页合计数及金额只写在下页第一行有关栏内，并在摘要内注明"承前页"的字样。

对需要结计本月发生额的账户，结计"过次页"的本页合计数应当为自本月份初起至本页末止发生额合计数；对需要结计本年累计发生额的账户，结计"过次页"的本页合计数应当为自年初起至本页末止的累计数；对既不需要结计本月发生额也不需要结计本年累计发生额的账户，可以只将每页末的余额转次页。

在填写日记账的时候，一页日记账很可能记录不全当日的内容，需要从下页继续。财务工作要求的就是细致与严谨，因此这里特别要提醒大家对"过次页"给予充分的重视。

登完本月账后正好是倒数第二行，那么就在最后一行把发生额、余额都"过"到"次页"，下页第一行中"承"了"前页"的发生额、余额后，再结账。

结完本月账后还有一行，那么只要在最后一行把余额"过"到

"次页",下页中的第一行也只需要"承"一下"前页"的余额。

如果本月结完账后没有行次了,就不要"过次页"了,因为没地方"过"了,当然在下页也直接登下月的账,不需要"承前页"了。这里可以看出"过次页"和"承前页"是紧密相连的。

对于账簿记录中所发生的错误,现在用得最多的就是划线更正法了,红字更正法和补充登记法都不太适用,因为凭证做错了可撕了重做,没必要另外做凭证再多登记一笔账。三种错账更正法的适用情形和操作方法如表6-1所示。

表6-1   三种错账更正方法的适用情形和操作方法

方法	适用情形	操作方法	注意事项
划线更正法	在结账前发现账簿记录有文字或数字错误,而记账凭证没有错误。	更正时,可在错误的文字或数字上划一条红线,在红线的上方填写正确的文字或数字,并由记账及相关人员在更正处盖章,以明确责任。	更正时不得只划销错误数字,应将全部数字划销,并保持原有数字清晰可辨,以便审查。
红字更正法	记账后发现记账凭证中的应借、应贷会计科目有错误,从而引起记账错误。	用红字填写一张与原记账凭证完全相同的记账凭证,以示注销原记账凭证,然后用蓝字填写一张正确的记账凭证,并据以记账。	
红字更正法	记账后发现记账凭证和账簿记录中应借、应贷会计科目无误,只是所记金额大于应记金额。	按多记的金额用红字编制一张与原记账凭证应借、应贷科目完全相同的记账凭证,以冲销多记的金额,并据以记账。	
补充登记法(又称补充更正法)	记账后发现记账凭证和账簿记录中应借、应贷会计科目无误,只是所记金额小于应记金额。	按少记的金额用蓝字编制一张与原记账凭证应借、应贷科目完全相同的记账凭证,以补充少记的金额,并据以记账。	

无论是银行存款日记账还是现金日记账,除了手工登记外,我们还采用Excel登记日记账。之所以刚才讲很多手工登记日记账的方法和注意事项,目的还是要让大家知道其中的原理。小白会在接下来的实训演练中通过基础的Excel操作及基本的公式编制和登记日记账。

实训演练6-1 小白进行现金日记账登记

每天下午把当天收到的钱存进银行后,白小白也开始了每天的登账工作了。这一天，白小白没有收到现金，所以省去了跑银行这一关，趁这个时间，她到会计论坛里转了一圈，又获得了很多资讯。每天下午1点到5点，白小白就拿出了这一天的会计凭证。

这一天的凭证很少，只有3张凭证与库存现金有关（见图6-6至图6-8）。

记账凭证

单位：北海隆钜机器有限公司　　2015年01月23日　　第　号

摘要	总账科目	明细科目	记账	借方 十亿千百十万千百十元角分	贷方 十亿千百十万千百十元角分
提取备用金	库存现金			2 0 0 0 0 0 0	
提取备用金	银行存款				2 0 0 0 0 0 0
合　计				¥ 2 0 0 0 0 0 0	¥ 2 0 0 0 0 0 0

会计主管：　　记账：　　出纳：　　审核：　　制单：邹笑荔　　领款人：

附件1张

图 6-6　记账凭证

记账凭证

单位：北海隆钜机器有限公司　　2015年01月23日　　第　号

摘要	总账科目	明细科目	记账	借方 十亿千百十万千百十元角分	贷方 十亿千百十万千百十元角分
胡媛借款	其他应收款	胡媛		1 5 0 0 0 0 0	
黄凯芸借款	其他应收款	黄凯芸		5 0 0 0 0 0	
支付借款	库存现金				2 0 0 0 0 0 0
合　计				¥ 2 0 0 0 0 0 0	¥ 2 0 0 0 0 0 0

会计主管：　　记账：　　出纳：　　审核：　　制单：邹笑荔　　领款人：

附件2张

图 6-7　记账凭证

记 账 凭 证

第 号

单位：北海隆钜机器有限公司　　2015年01月23日

摘要	总账科目	明细科目	记账	借方 十亿千百十万千百十元角分	贷方 十亿千百十万千百十元角分
龙绮丽报销差旅费	销售费用	差旅费		8 2 5 0 0	
龙绮丽交还借款	库存现金			1 7 5 0 0	1 0 0 0 0 0
龙绮丽报销差旅费	其他应收款	龙绮丽			
合　　计				￥1 0 0 0 0 0	￥1 0 0 0 0 0

附件2张

会计主管：　　记账：　　出纳：　　审核：　　制单：邹笑荔　　领缴款人：

图 6-8　记账凭证

现金日记账的登记顺序为：日期、摘要、金额。白小白先是用铅笔标志凭证号（会计入账时自然会用水笔写上的），会计结账后再登记凭证号，这样做是为了防止会计做的一些与现金不相关的凭证忘记给她了。

第一笔业务：提取备用金 20 000 元。白小白按照记账凭证的日期及记账凭证"库存现金"科目那行（见图 6-9）做登记。

单位：北海隆钜机器有限公司　　2015年01月23日

摘要	总账科目	明细科目	记账	借方 十亿千百十万千百十元角分
提取备用金	库存现金			2 0 0 0 0 0 0

图 6-9　第一笔业务的记账凭证（局部）

在日期的月、日处分别写上"1"和"23"；凭证种类处写上"记"；摘要处写"提取备用金"，在借方金额填写"20 000"；最后，用上行金额 933.29 加上本行借方金额 20 000，得出了本行余额 20 933.29。

第二笔业务：支付胡媛、黄凯芸借款 20 000 元。对于这笔日记账，白小白可以写一行"胡媛、黄凯芸借款 20 000 元"，或分别写两行"胡媛借款 15 000 元"和"黄凯芸借款 5 000 元"。如果按一行书写，只能知道胡媛、黄凯芸共借款 20 000 元，而不知道他们分别借款多少钱；而按第二种写法，就很方便出纳查账了。同样，白小白根据"库存现金"科目那行的记账凭证，进行现金日记账贷方金额的登记，但是分开两行记，就根据借条或借方金额记了。

记账凭证

单位：北海隆钜机器有限公司　2015年01月23日　第　号

摘要	总账科目	明细科目	记账	借方	贷方	
胡媛借款	其他应收款	胡媛		15 000 00		附件2
黄凯芸借款	其他应收款	黄凯芸		5 000 00		
支付借款	库存现金				20 000 00	

现金日记账

2015年 月 日	凭证 种类 号数	摘要	借方金额	贷方金额
1 23	记	胡媛借款		15 000 00
1 23	记	黄凯芸借款		5 000 00

图 6-10　根据记账凭证登记第二笔业务

最后，计算余额——用上行借方金额 20 933.29 减去本行贷方金额 15 000，得出了本行余额 5 933.29；用本行余额 5 933.29 减去下行贷方金额 5 000，得出下行余额 933.29（见图 6-11）。

现金日记账

2015年 月 日	凭证 种类 号数	摘要	借方金额	贷方金额	借或贷	余额	√
		……			借	20 933 29	
1 23	记	胡媛借款		15 000 00	借	5 933 29	
1 23	记	黄凯芸借款		5 000 00	借	933 29	

图 6-11　结出第二笔业务的现金日记账余额

第三笔业务：龙绮丽报销差旅费 825 元，交回借款 175 元。这是一笔现金增加的业务，所以其现金日记账的登记金额在借方（见图 6-12）。

现金日记账

2015年		凭证		摘 要	借方金额	贷方金额	借或贷	余 额	√
月	日	种类	号数		亿千百十万千百十元角分	亿千百十万千百十元角分		亿千百十万千百十元角分	
				……			借	9 3 3 2 9	
1	23	记		龙绮丽报销差旅费交还借款	1 7 5 00		借	1 1 0 8 29	

图 6-12　登记第三笔业务

故此，1 月 23 日当日的现金日记账就登记完毕了。1 月 23 日登记好三笔业务后的现金日记账如图 6-13 所示。

现金日记账

2015年		凭证		摘 要	借方金额	贷方金额	借或贷	余 额	√
月	日	种类	号数		亿千百十万千百十元角分	亿千百十万千百十元角分		亿千百十万千百十元角分	
				……			借	9 3 3 2 9	
1	23	记		提取备用金	2 0 0 0 0 00		借	2 0 9 3 3 29	
1	23	记		胡媛借款		1 5 0 0 0 00	借	5 9 3 3 29	
1	23	记		黄凯芸借款		5 0 0 0 00	借	9 3 3 29	
1	23	记		龙绮丽报销差旅费交还借款	1 7 5 00		借	1 1 0 8 29	

图 6-13　1 月 23 日登记好三笔业务后的现金日记账

> **小白如是说**
>
> 当日事当日毕。有些事情，现在不去做，以后很有可能永远也做不了了。不是没时间，就是因为有时间，你才会一拖再拖，放心让它们搁在那里，任凭风吹雨打，铺上厚厚的灰尘。

实训演练 6-2　小白发现账簿登错了

这天是发工资的日子，白小白登完账后，在盘点的时候才发现，手头上的现金数比账上少了 10 000 元。10 000 元，可是整整的一沓呢。白小白开始回忆起来："今天都是转账的业务，只有一笔现金的业务，是不是现金与银行的搞混了？"

白小白继续回忆，手机响起了"回忆过去，痛苦的相思忘不了"的铃声，也太应时了吧！也就是这一铃声，让白小白脑筋转过了弯，第一步，先检查是否登错账了。

一检查，问题就出来了，原来白小白粗心地把提现的 10 000 元记成了 20 000 元，其他都没错。知错就改呗。白小白先把登错的 20 000 元用红笔划掉，然后用黑色水笔在上面写上正确的 10 000 元，改了之后，余额也相应地改掉，最后在其旁边盖上自己的名章（见图 6-14）。

现金日记账

2015年		凭证		摘　要	借方金额 亿千百十万千百十元角分	贷方金额 亿千百十万千百十元角分	借或贷	余　额 亿千百十万千百十元角分	√
月	日	种类	号数						
				……				2 6 4 9 7	
1	15	记		提取备用金	1 0 0 0 0 0 0 2 0 0 0 0 0 0	白小白	借	1 0 2 6 4 9 7 　　　2 0 3 6 4 9 7	

图 6-14　更正错账

实训演练 6-3　小白账簿漏登了一行

白小白深感登记手工账的不容易，最开始做出纳的时候，不是这里登记错了，就是那里登记漏了，弄得账簿上到处都是更正的错账红印子。有多年工作经验的会计们，他们登记的账簿非常规范工整。现在都是电脑记账了，难道还要"辛辛苦苦几十年，一夜回到了解放前"吗？

出纳登记的日记账也要电子化才行了，否则出纳稍不留神就登记错了。这一次，白小白登记账簿时跨行了，而且是在登完账、结出余额后才发现的，所以只能在那空白行盖章了。白小白找出了"此行空白"的印章盖上，然后在边上盖了自己的印章（见图 6-15）。

现金日记账

2015年		凭证		摘 要	借方金额	贷方金额	借或贷	余 额	√
月	日	种类	号数		亿千百十万千百十元角分	亿千百十万千百十元角分		亿千百十万千百十元角分	
				......				1 7 7 3 5	
1	16	记		提取备用金　此行空白　白小白	1 0 0 0 0 0 0		借	10 1 7 7 3 5	
1	16	记		宁夏借采购备用金		5 0 0 0 0 0	借	5 1 7 7 3 5	

图 6-15　账簿登漏行的处理

白小白有点怀念电子账了，错了就直接删除行，然后下拉一下公式就可以了。

这两天到底怎么了？白小白昨天登错账，今天登漏行，难道明天……

实训演练 6-4　小白账簿漏登了一页

人生中最怕什么，被预言说中了，难怪白小白被说成是传说中的"白半仙"，这次差错是在预料之中的。自从前两天屡屡犯错后，白小白更加谨慎了。虽然自己登账没有出错，但是，避免不了账页多翻一张啊。虽然不能将差错扼杀在错误之前，但还是可以补救的。

白小白将空白页划对角线，表示此页空白，当然，最后还得盖上登账人的人名章（见图 6-16）。

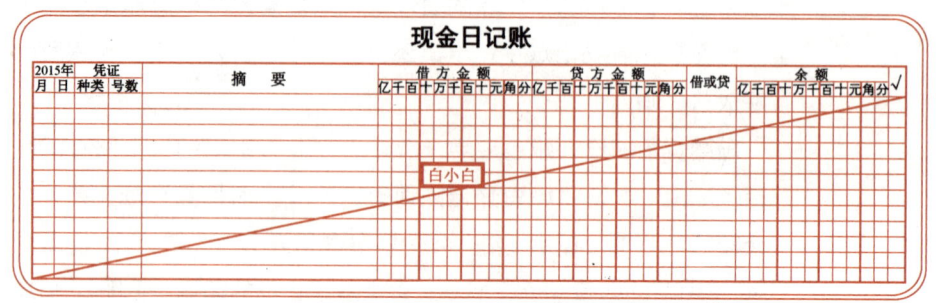

图 6-16　账簿页码漏登的处理

实训演练 6-5　小白的 Excel 日记账

白小白怎么都觉得手工记账太麻烦，毕竟现在会计都用电脑记账了。所以，她也做了个日记账的电子表格（见图 6-17），自称“表姐”的白小白做这个一点都不难。

现金日记账

2015年 月	日	凭证 种类	号数	摘要	借方金额	贷方金额	借或贷	余额
				上年结转			借	1 418.29
1	1	记					借	1 418.29

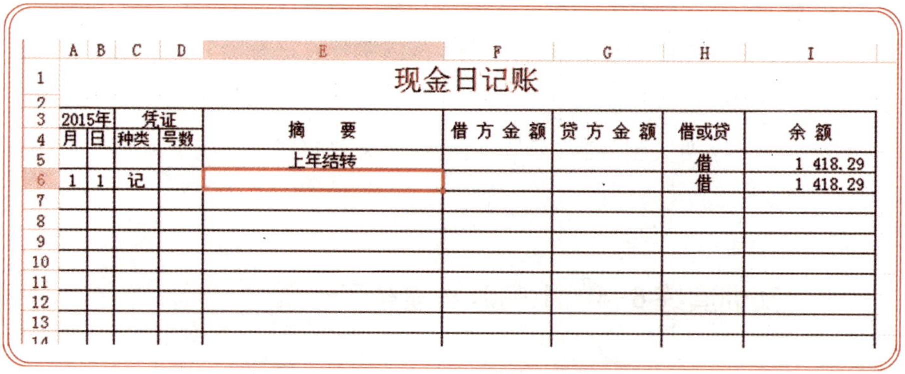

图 6-17　现金日记账的电子表格

白小白先按照日记账的样式设置格式，如合并单元格等，但是金额数字部分还是用一个单元格为好，便于录入跟计算。然后她把上年结转的金额登进账里。

为了录入方便，白小白把日期部分设置为自动下拉框：

(1) 先设置"月",选择 A 列。

(2) 点击"数据"下面的"有效性"(见图 6-18)。

图 6-18　选择有效性

(3) 设置"月"的有效性(见图 6-19)。因为"月"只有 12 月,所以只设置到 12 就可以。

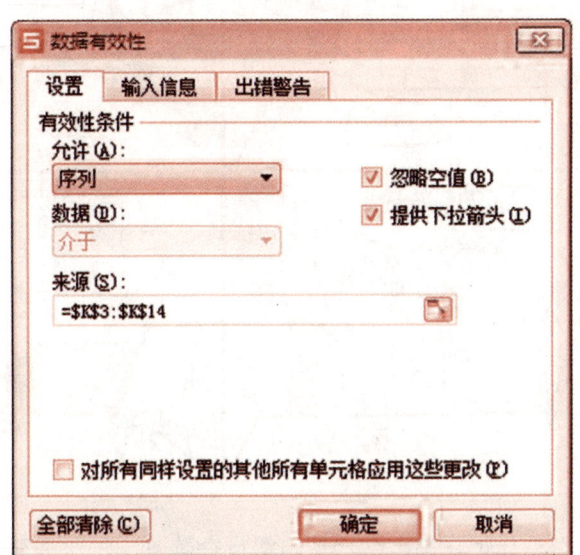

图 6-19　设置数据有效性

(4) 设置"日"的有效性。同样的方法设置"日",当然,日要设置到 31 了。

(5) 设置"借或贷"(对 H 列进行设置)。这个设置只需要简单引用一下 IF 函数公式应可以。例如设置 H5 这个单元格时,就可以直接引用 IF 函数公式"=IF (I5>0,"借", (IF (I5=0,"平","贷")))"。

（6）设置余额公式。直接用键盘上的"＝""＋""－"就可以了，当然，公式一下拉就可以复制了。

6.3　什么是银行存款日记账

银行存款日记账由出纳根据与银行存款收、付业务有关的记账凭证，按时间先后顺序逐日逐笔进行登记。它是用来核算和监督银行存款每日的收入、支出和结余情况的账簿，就跟存折记录差不多。

银行存款日记账应按企业在银行开立的账户或币种分别设置，每个银行账户设置一本银行存款日记账。正如小白的公司有很多银行存款账户，每天都要从账上转入转出，银行日记账就必须根据开户行账户不同分别设置。

银行存款日记账的格式与现金日记账相同,一般采用三栏式账簿(见图6-20)。

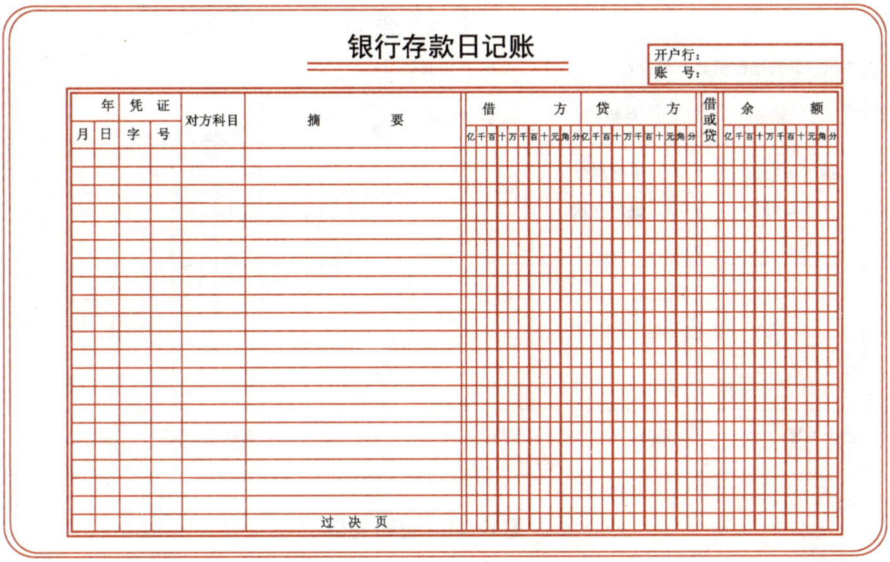

图6-20 银行存款日记账

银行存款日记账的填写方式也与现金日记账基本类似,其作用也是帮助我们出纳管理好银行存款账户。在这里需要说明,我们出纳记录银行日记账是根据财务自身的账目来记录,而并非是银行,最终还是要以银行的对账单为准。

实训演练6-6 小白进行银行存款日记账的登记

登记完现金日记账后,白小白又得进行银行存款日记账的登记了,当天的凭证与银行有关的也不多(见图6-21至图6-24)。

登记银行存款日记账的方法跟现金日记账一样。每登完一笔,白小白就会在"记账"那里打个勾。不一会,白小白就把银行存款日记账(见图6-15)登记完了。

最后,白小白登录网银,核对银行存款日记账余额与银行存款的余额,两者相符。银行存款日记账也就这样登记完成了。

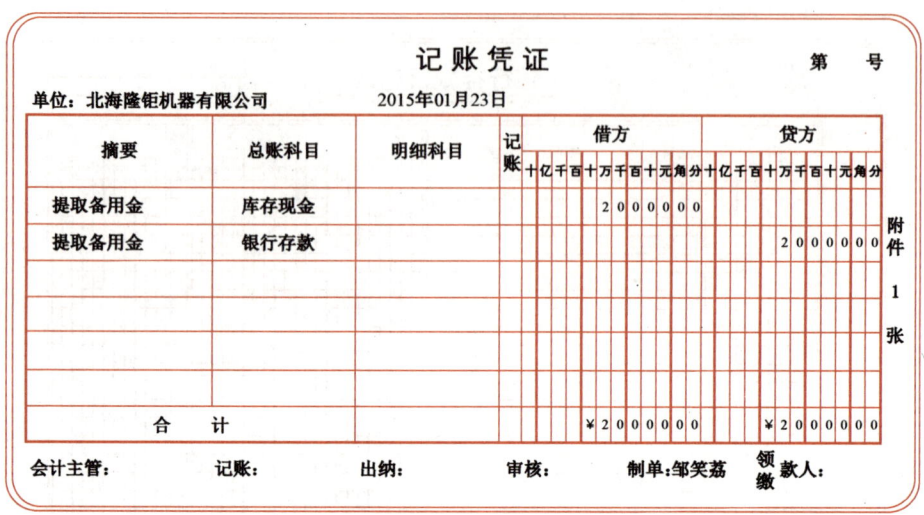

图 6-21 记账凭证

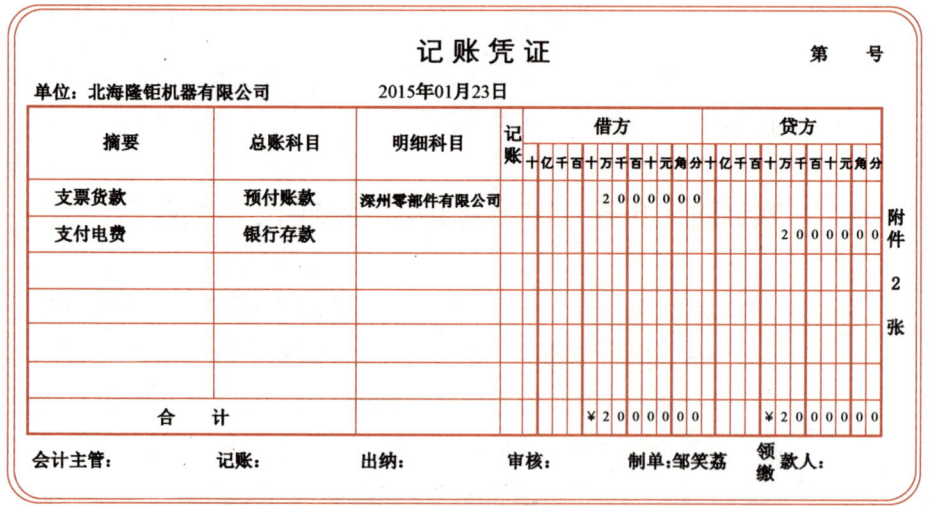

图 6-22 记账凭证

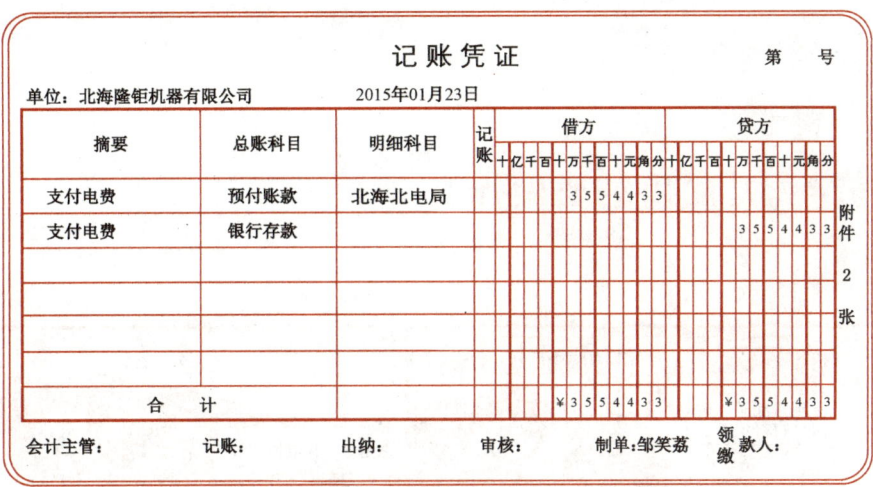

图 6-23 记账凭证

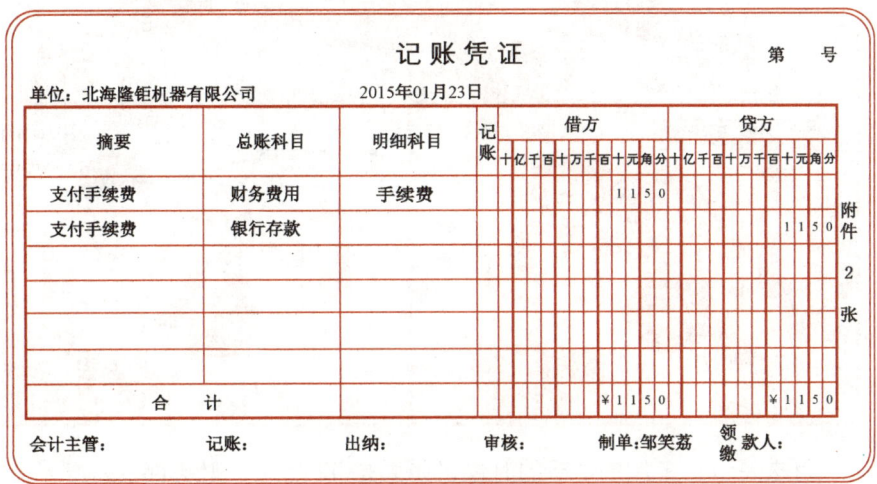

图 6-24 记账凭证

图 6-25 银行存款日记账

6.4 月底出纳要做什么

月末是财务工作最忙碌的时候，如果是12月底，财务部的每位成员更是忙得四脚朝天了。对于出纳而言，期末结账是整月工作中最为关键的时刻。出纳结的账是现金日记账和银行存款日记账。

《会计基础工作规范》第六十四条 各单位应当按照规定定期结账。
（一）结账前，必须将本期内所发生的各项经济业务全部登记入账。
（二）结账时，应当结出每个账户的期末余额。需要结出当月发生额的，应当在摘要栏内注明"本月合计"字样，并在下面通栏划单红线。需要结出本年累计发生额的，应当在摘要栏内注明"本年累计"字样，并在下面通栏划单红线；十二月末的"本年累计"就是全年累计发生额。全年累计发生额下面应当通栏划双红线。年度终了结账时，所有总账账户都应当结出全年发生额和年末余额。

（三）年度终了，要把各账户的余额结转到下一会计年度，并在摘要栏注明"结转下年"字样；在下一会计年度新建有关会计账簿的第一行余额栏内填写上年结转的余额，并在摘要栏注明"上年结转"字样。

有的出纳也会把"本月合计"写成"本月小计""小计"等；"本年累计"也可以写成"累计"等。字虽不一样，但意思是一样的。当然，最后年结双红线下还要注明"结转下年"字样，为的是下一年第一行写上"上年结转"字样。

在结账前有一项非常关键的事项，正如小白所说：各种"核对"。对账大体包括三种核对（见图6-26）。

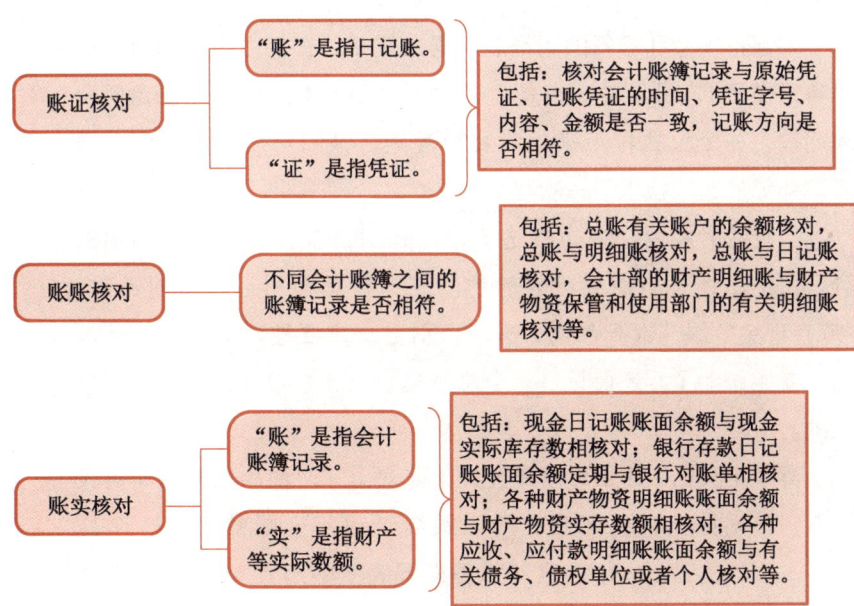

图6-26 对账的三种形式

这些对账工作需要出纳与会计一起来做。如果期末的库存现金或者银行存款日记账上的余额与会计总账或明细账不一样，就要查出原因，如多算、多记、漏算、错算等要及时查明更正，而且出纳账与会计账必须要对得上，会计才能进行下一步操作。

实训演练6-7 小白与会计对账

月初，出纳跟会计对账本来是很简单的事，但最怕是碰到新手呀。邹邹是第一个月开始记账的。对账先对余额，余额对了，明细也差不了多少了。不看不知道，一看吓一跳，现金账相差102 364.57元，银行是几个账户，只有一个是对得上的，剩下的都错了。

怎么做啊？白小白可是跟实物对得上的。相差太多了，估计是邹邹记账时都弄乱了，刚好程部长跟方圆会计都出差去了。唉！这叫人怎么对呀！

邹邹把现金和银行的明细表都导出来了。正好白小白的日记账也自己做了Excel版的，也是为了对账方便。本来想着可以用两个表比较，一个公式拉下来就能找出差距，谁知第一笔就错了。最后，邹邹总起来检查了一次账。

检查的时候白小白也在边上，比起刚从事会计行业的邹邹来说，白小白还是有点会计经验的。先不管其他科目挂得对不对，"库存现金"跟"银行存款"这两个科目一定要挂对，这样会计与出纳就能做上了。还好只是一个总账模块，还是很容易找出原因修改的。

弄了半天，白小白终于跟会计的账对上了。白小白养成了每天记账、核对账实的好习惯，所以跟会计对不上账的只有一个原因——会计的错。白小白突然想唱斯琴高丽的那首《犯错》，但还是罢了，人嘛，不要太嘚瑟。

实训演练6-8　月结，小白在账簿上划红线

春节临近，大家的工作效率明显提高。2月上班的第一天，白小白就把1月的账跟会计全部对清了，可以进行结账了。1月的结账只需要"本月合计"，月结分五步走：

第一步，在1月的最后一笔那里划一条红线。

第二步，用"本月小计"的小印章在"摘要"那列盖上章。

第三步，分别计算出当月的借方合计与贷方合计，因为有承前页的数据，所以本月小计借方合计就是承前页的借方金额341 503.50元，加上本页1月借方发生额5 000元；同样，本月贷方合计为承前页贷方金额342 678元，加上本页1月贷方发生额5 000元。

第四步，计算余额，用1月初的余额1 418.29元（也就是去年结转的金额）加上本月的借方合计346 503.50元，减去本月的贷方合计347 678元，最后得出了余额243.79元。

第五步，在"本月小计"行下划一条红线。

当然，这个余额与1月账的最后一个余额一定是一样的（见图6-27）。

现金日记账

2015年		凭证		摘要	借方金额	贷方金额	借或贷	余额
月	日	种类	号数		亿千百十万千百十元角分	亿千百十万千百十元角分		亿千百十万千百十元角分 ✓
				承前页	341503 50	342678 00	借	243 79
1	31	记		收货款	5000 00			5243 79
1	31	记		货款存入银行		5000 00	借	243 79
				本月小计	346503 50	347678 00	借	243 79

图6-27　现金日记账

这样，1月份的账就算结了。虽然从2月份起，白小白开始正式用电脑记账了，但还是接着把2月份的凭证赶紧登进账里，怕就怕电脑罢工了。

实训演练 6-9　年结，小白在账簿上划红线

跨年后的某一天，白小白收到了一个奇怪的短信："新的一年开始啦，你知道我还在等你吗？"且不去追究短信的来源了，白小白真想把这句话转给会计呢。

虽然白小白 1 月份的账已经登了，但 12 月份的账还等着跟会计核对，所以迟迟未结，只是用铅笔在上面写数据而已。

其实年结与平时的月结也没什么区别的。

"本月小计"这行的填写见实训演练 6-8。

"累计"这行填写的也就是本年累计，借方的累计就是用 11 月结账时的借方累计数加上 12 月的借方本月小计数；贷方的累计就是用 11 月结账时的贷方累计数加上 12 月贷方本月小计数（就跟平时 2～11 月的累计计算方法是一样的）。余额这里就是用年初的余额加上本行的借方金额，再减去本行的贷方金额。当然，这个数也与上面最后一笔余额，还有本月合计那笔余额是相等的。

等全部与会计对好账后，用水笔描好数据就开始划红线了。因为 12 月末的"本年累计"行下面应当通栏划双红线。最后划了通栏红线后并把金额结转下年，就是在摘要那里盖上"结转下年"的印章，然后把余额写上（见图 6-28）。

现金日记账

2014年		凭证		摘要	借方金额 亿千百十万千百十元角分	贷方金额 亿千百十万千百十元角分	借或贷	余额 亿千百十万千百十元角分	√
月	日	种类	号数						
				……			借	3 9 6 3 2 9	
12	31	记		洪兵报销业务招待费		1 8 0 0 0 0	借	2 1 6 3 2 9	
12	31	记		龙绮丽报销差旅费		7 4 5 0 0	借	1 4 1 8 2 9	
				本月小计	4 0 8 1 2 4 8 4	4 0 7 2 4 7 2 0	借	1 4 1 8 2 9	
				累计	4 9 0 1 5 7 9 3 3	4 9 0 0 3 3 3 0 9	借	1 4 1 8 2 9	
				结转下年				1 4 1 8 2 9	

图 6-28　现金日记账

6.5 与银行对账单对账有什么意义

月末,出纳除了和会计对账外,还有一件非常重要的事情要做,那就是用银行存款日记账与银行对账单进行"挑账",以此来查验公司财务账上的银行存款日记账与银行存款真实的发生情况是否有出入。譬如故事中的小白,120万元是因为自己大意未在银行存款日记账中做登记。假如公司内部,有人恶意转移资金,通过"挑账",也可以在第一时间查验出来。

那么对账的原理是什么呢(见图6-29)?

因为银行对账单是银行和企业之间对资金流转情况进行核对和确认的凭单。就其特征来说,银行对账单具有客观性、真实性、全面性等基本特征。所以,出纳对银行对账单要给予足够重视!

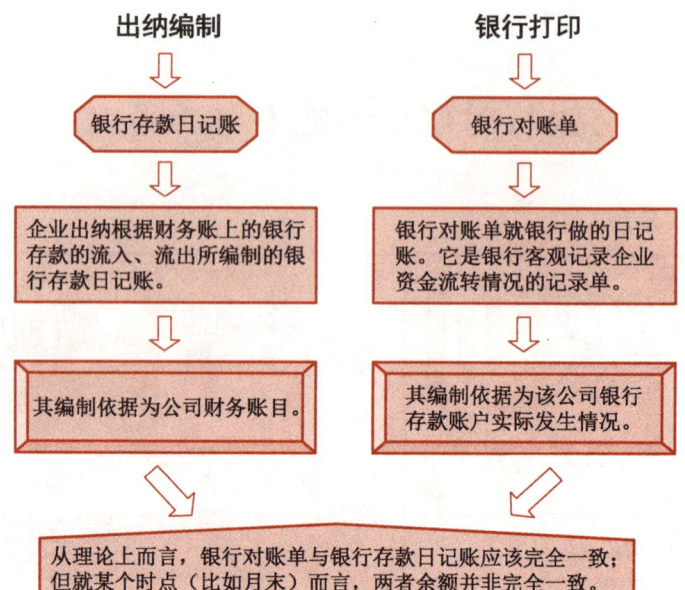

图 6-29 对账的原理

当然，现在对账更多地采用网上电子对账的形式。不管是用哪种方法进行对账，对账的方法都是一样的：用银行对账单与公司的银行存款日记账进行核对，找出其中银行账与公司账不相同的账务，也就是你有它无、它有你无的账务（即是否存在未达账项）。将有疑问的账务逐笔同银行核对就行了，直到公司的银行存款日记账和银行的对账单一致。现在很多银行都要求公司进行网上对账了，开通也很简单：

（1）对于未开通网上企业银行的客户，客户须到开户网点申请开通网上企业银行服务，同时申请开通网上对账功能。

（2）对于已开通网上企业银行的客户，客户可直接在网上自助申请或到开户网点办理开通网上银企对账功能。

账目都对上，是出纳所期待的事情。但是账对不上，就会出现未达账项。那么什么是未达账项呢（见图 6-30）？

这四种差异原因可能很多新人第一次接触时感觉像绕口令。其实理解起来并不难。譬如我们公司 5 月 31 日给供应商开了一张转

| 银行对账单余额 | | 银行存款日记账余额 | ≠ |

这种情况的造成是由于两者明细流水账之间存在差异。造成两者最终余额不等的原因就是未达账项，可能是一笔，也可能是多笔。未达账项的情况可以分为以下四种：

(1) 企业已记存款增加，而银行尚未记账（企收银未收）。

(2) 企业已记存款减少，而银行尚未记账（企付银未付）。

(3) 银行已记存款增加，而企业尚未记账（银收企未收）。

(4) 银行已记存款减少，而企业尚未记账（银付企未付）。

图 6-30　未达账项的成因

账支票，财务进行记账，并且在银行存款日记账上进行登记。然而这个供应商当天并没有将支票送交自己的开户银行，而是在 6 月 1 日入账。那么我们公司银行对账单上 5 月 31 日并没有这笔支出，银行存款日记账上则会出现这笔记录，造成"企付银未付"的情况。

如果出现未达账项，我们该如何处理（见图 6-31）？

| 银行对账单余额 | | 银行存款日记账余额 | ≠ |

出纳面对这种情况，解决的办法是编制银行存款余额调节表。既然两者没有相等，势必要调节一下，将造成该局面出现的具体金额，逐笔"记录在案"，登记在银行存款余额调节表。

图 6-31　未达账项的处理

编制银行存款余额调节表是以双方各自账面余额为基础，各自加上对方已记增加而本单位尚未记账的事项，减去对方已记减少而本单位尚未记账的事项，最后双方的余额应该相等（见表 6-2）。

表 6-2　　　　　　　　银行存款余额调节表

编制公司：　　　　　编制日期：　　　年　　月

企业银行存款日记账余额	金　额	银行对账单余额	金　额
加：银行已收，企业未收		加：企业已收，银行未收款	
减：银行已付，企业未付		减：企业已付，银行未付款	
调节后存款余额		调节后存款余额	

表 6-2 内部存在一个钩稽关系（见图 6-32）。

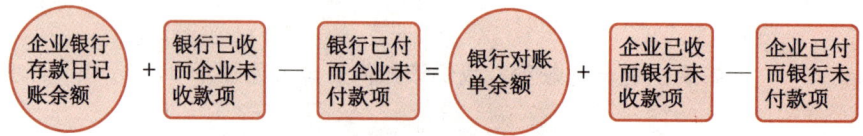

图 6-32　银行存款余额调节表钩稽关系

在这里需要说明，企业编制银行存款余额调节表，主要用来查对双方记账有无错误，而不能作为记账的依据，这是为避免收到凭证后而重复记账（未达账项应该在收到有关银行结算回单后再进行正常的账务处理）。

实训演练 6-10　小白收到银行对账单

月初，要与银行对账了，对账单是邮递员送过来的，一般都是将其与公司银行存款日记账核对相符后，公司财务在回执联上盖上银行印鉴就交还邮递员带回去。但白小白这里是有一定流程的：对账单来了之后，出纳先核对好，再交由会计审核，对得上的话再交由财务部长盖银行印鉴。

今天收到的是其中一个一般户的对账单（见图6-33），流水也很少，不一会儿小白就核对好了。于是，白小白撕下对账单，并在回执上打上勾，就交由会计核对了。

北海市农村信用社对公对账单

分行：北海市农村信用社
户名：北海隆钜机器有限公司　　　　　账号：850612010108888888　　打印日期：2015年02月
申请日期：2015年01月31日　　　　　　旧账号：

日期	交易	摘要	凭证号	上次余额	发生额(借-/贷+)	余额
20150114	312213	转银行卡		104 632.34	−76 000.00	28 632.34
20150114	现金	现金支付	08078879	28 632.34	−25 000.00	3 632.34
20150121	212445	结息		3 632.34	54.51	3 686.85

主任：　　　　　　　　会计：　　　　　　　　制表：

农村信用社北海市农村信用合作联社余额对账回单

户　名	北海隆钜机器有限公司	账　号	850612010108888000

你户至2015年01月31日止存款余额为 ¥3 686.85。
是否相符，请于五日内核对后，将回单联盖章退回我行。

2015年01月31日

图6-33　对账单

最后，白小白还得将盖好章的回执联放进专用的信封中以返还给银行，这只要通知邮政小哥过来取就可以了。

实训演练6-11　小白办理网上对账

因为公司已经开通了网银，银行也要求进行网上对账了。因为

中国农业银行 银企对账要素表

对账要素：□首次确认　☑变更确认
网上银行网址：www.abchina.com　　电话银行服务号码：95599

客户基本信息	单位名称	北海隆钜机器有限公司	收件人	
	纸质对账单寄送地址		邮政编码	
	对账联系人姓名	白小白	联系人手机	182********
	联系人电话		0779-*******	
	经办人姓名	白小白	经办人证件号码	4505************

账单号（变更确认时填写）：

对账账户	账　号	是否为网银注册账户	对账账户操作标志
	20-705101040088888	☑是　□否	☑新增　□删除
		□是　□否	□新增　□删除
		□是　□否	□新增　□删除
		□是　□否	□新增　□删除
		□是　□否	□新增　□删除
		□是　□否	□新增　□删除
		□是　□否	□新增　□删除

客户填写

对账方式：
（纸质余额对账和电子余额对账方式只能二选一）
□纸质余额对账：具体包括对账单的制作、寄递和收回。
☑电子余额对账，请再选择（在□处划√，三选一）：
　☑网上银行对账　□现金管理银企通平台对账　□其他电子对账方式_____

选择纸质对账时，须填写以下要素

对账签章：
采用纸质对账方式的，客户在对账回执处加盖（二选其一，在□处划√，不必在此加盖签章）：
□单位预留签章　　□其他对账签章

选择网上银行对账时，须填写以下要素

网上银行版本	☑标准版　□普及版　□其他版

普及版操作员对账权限维护

姓名	证件类型	证件号码	对账权限			操作员设置标志		
程海峰	身份证	***	□录入	☑复核	□不指定	☑新增	□删除	□更新
白小白	身份证	***	☑录入	□复核	□不指定	☑新增	□删除	□更新
			□录入	□复核	□不指定	□新增	□删除	□更新
			□录入	□复核	□不指定	□新增	□删除	□更新

图 6-34　中国农业银行银企对账要素表

早上程部长要开会，所以早上白小白整理了一下办理网上对账要带的资料。咨询了银行后，白小白列了清单：农行开户许可证复印件、公司的资质复印件、《中国农业银行对账服务协议》《中国农业银行银企对账要素表》原件、管理员和操作员的证书（U盾）。当然，印章是程部长那里准备了。

下午一上班，白小白就和程部长一起到银行去办理这个网上对账业务了，因为以前开户的时候已经与银行签订了《中国农业银行对账服务协议》，所以这次只需要填一下《中国农业银行银企对账要素表》（见图6-34）就可以了。其填写也很简单，基本上就是抄。

一番盖章、签字之后，白小白就坐等柜台的人办理了。工作人员弄好后给了小白一份对账说明，并对小白说："开通以后还要用管理员的证书登录并对操作员进行授权的，操作员对账，另一个复核。"

> **小白如是说**
>
> 　　网上银行银企对账业务是指客户通过企业网上银行获取账户余额对账单，对账户余额进行确认，并提交对账结果，即可在线完成银企对账。

实训演练6-12　小白进行网上对账

白小白做完了1月份所有的账，也跟会计核对好了。今天就该在网上进行对账了。因为这几天登录了网银界面后，界面会显示如下提示（见图6-35）。

贵公司有待处理对账单，请及时核对！

图6-35　提示信息

所以，白小白不怕会忘记对账，但还是早对完账早轻松呀。

出纳可以点击界面提示的链接进行对账，也可以选择"账户管理—银企对账—账户余额对账"进行对账（见图6-36）。

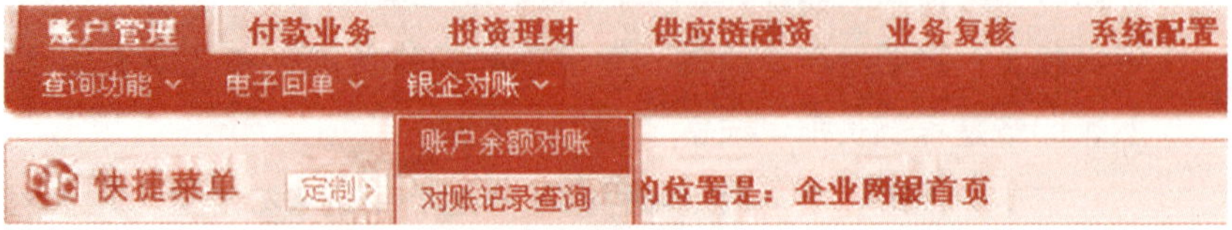

图6-36　进行对账的选择

白小白作为操作员，主要是进行余额对账录入，实际也不用录入，主要是点击看一个余额对得上的话就点击"确认"按钮就可以了。具体操作步骤如下：

首先，小白先点开"余额对账录入"（见图6-37）。

图6-37　余额对账录入

其次，系统就会弹出对账单编号（见图6-38）。

对账单编号
120634009013012570

图6-38　对账单编号

再次，点开对账单编号，核对余额，选择"相符"，然后点击"确定"按钮，就完成了简单的录入工作（见图6-39）。

相符	不相符
●	○

图6-39　核对余额相符

最后，小白就通知程部长"复核"了。

6.6 出纳报告单是什么样的

相对于会计的 N 个报表来说，出纳也有其自己要报告的表格，也就是出纳报表，一般的出纳报表是指出纳报告单（见图 6-40）。

库存现金银行存款	出 纳 报 告 单	编号	
日期自　　年　　月　　日　至　　年　　月　　日			
项目	库存现金(元)	银行存款(元)	备注
上期结存			
本期收入			
合计			
本期支出			
本期结存			
财务主管　　　　记账　　　　出纳　　　　复核　　　　制单			

图 6-40　出纳报告单

出纳报告单不仅可以让公司领导及时掌握公司实有资金状况，也会让出纳对公司的现金收支情况、银行存款的收支情况有个清楚的记录，让出纳做到心中有数！

出纳报告单的编制，说白了就是把账簿上的数据抄于出纳报告单中（见图6-41）。

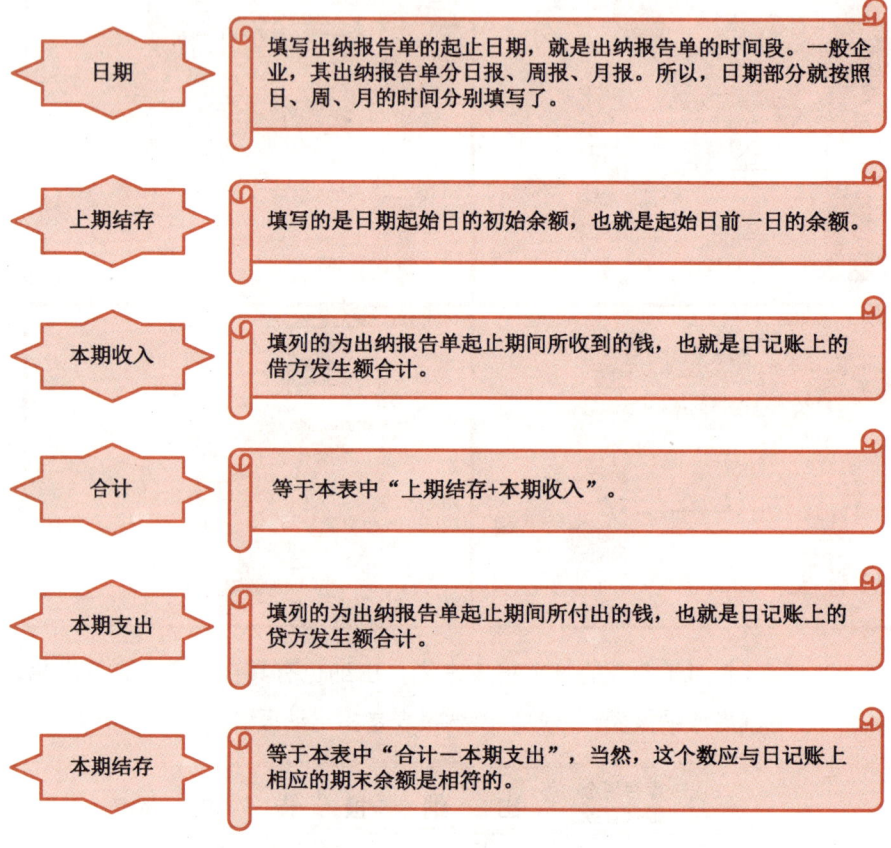

图6-41 出纳报告单的编制

出纳报告单当然由出纳编制了，此外，它还需要由会计审核、财务负责人复核，最终报给企业负责人。

关于出纳报告单的上报方法，一般是打印出纸质版，并由相关人员签章。当然，企业还要将其上报电子版，一般企业会直接发电子邮件，虽然文件也设密，但还是不太安全，建议还是用U盘来拷贝为好。

实训演练 6-13　小白做日报

"白小白，快点咯～"财务部每月一次的活动就定在今晚，聚餐后的 K 歌可是邹邹的最爱。邹邹迫不及待了。

"我还有一点点工作，要不你们先走，我晚点到。"

"哎呀，不就是出纳报告单吗？明早才交的，不急嘛！"

公司规定，每天上午 9 点前，要把前一天的出纳报告单报至财务部负责人那里。可白小白不想拖延，总会把六个字记心头——"今日事，今日毕"。每天把当天的日记账登完后，白小白就把出纳报告单给填了。

日报的确很简单，完全照日记账抄就行了。

上期结存就是日记账 1 月 7 日的余额（见图 6-42）。

现金日记账

2015年		凭证		摘　要	借方金额 亿千百十万千百十元角分	贷方金额 亿千百十万千百十元角分	借或贷	余　额 亿千百十万千百十元角分	√
月	日	种类	号数						
				……					
1	7		12	现金存入银行		1000000	借	92722	

银行存款日记账

2015年		凭证		摘　要	借方金额 亿千百十万千百十元角分	贷方金额 亿千百十万千百十元角分	借或贷	余　额 亿千百十万千百十元角分	√
月	日	种类	号数						
				……					
1	7		10	支付手续费		550	借	1032567 81	

图 6-42　日记账的上期结存

本期收入就是 1 月 8 日的借方合计，合计就是"上期结存＋本期收入"，本期支出就是 1 月 8 日的贷方合计，本期结存就是"合计－本期支出"。当然，这个本期结存的数据与 1 月 8 日的余额是对应得上的（见图 6-43）。

白小白填好出纳报告单后，直接在制单、出纳处签上自己的名字（见图 6-44）。

白小白收拾完东西，一看，时间不早了，就拿起包包赶紧往公

现金日记账

2015年		凭证		摘要	借方金额	贷方金额	借或贷	余额	
月	日	种类	号数		亿千百十万千百十元角分	亿千百十万千百十元角分		亿千百十万千百十元角分	√
				……					
1	8		17	现金存入银行		5 0 0 0 0 0	借	4 2 7 2 2	

银行日记账

2015年		凭证		摘要	借方金额	贷方金额	借或贷	余额	
月	日	种类	号数		亿千百十万千百十元角分	亿千百十万千百十元角分		亿千百十万千百十元角分	√
				……					
1	8		15	收集团公司拨款	1 0 0 0 0 0 0 0		借	1 0 5 7 5 6 7 8 1	

图 6-43 日记账的本期结存

库存现金 银行存款 出 纳 报 告 单   编号 20150109

日期自 2015年 01月08日 至 01月08日

项目	库存现金(元)	银行存款(元)	备注
上期结存	927.22	1 032 567.81	
本期收入	35 000.00	400 000.00	
合计	35 927.22	1 432 567.81	
本期支出	35 500.00	375 000.00	
本期结存	427.22	1 057 567.81	

财务主管　　　　记账　　　　出纳　白小白　　　　复核　　　　制单　白小白

图 6-44 出纳报告单

交车站跑。刚下楼，程部长的"两轮宝马"等着她呢。

"做完了吧。这个吃饭的点，我怕你搭不上车。"

"嗯，做完了。还是程部长好，爱死你了。"

"不要恨我就好。还有，工作之外，不要叫'部长'了，要不我真的'不长'了。"

实训演练 6-14 小白做周报

2015年1月17日，又是一个周末，白小白已经习惯了公司周六的"免费加班"了，虽然周六纯属是"混"，但也得"混"够7个小时呀。

公司一般周六是没业务的,所以白小白总会把周一早上交的周报提前到周六完成。

做周报有两种方法:一是根据日记账;二是根据日报。

(1)根据日记账的周报的方法跟日报是一样的。

上期结存:1月11日的最后一笔余额(见图6-45)。

现金日记账

2015年		凭证		摘要	借方金额 亿千百十万千百十元角分	贷方金额 亿千百十万千百十元角分	借或贷	余额 亿千百十万千百十元角分	√
月	日	种类	号数						
				……					
1	11		25	现金存入银行		1 5 0 0 0 0 0	借	1 0 3 3 6 6	

银行存款日记账

2015年		凭证		摘要	借方金额 亿千百十万千百十元角分	贷方金额 亿千百十万千百十元角分	借或贷	余额 亿千百十万千百十元角分	√
月	日	种类	号数						
				……					
1	11		27	支付手续费		1 5 5 0	借	2 0 5 1 7 0 3 2 0	

图6-45 日记账的上期结存

本期收入:1月12日至1月17日的借方合计。如果是手工记账的话,就用计算器一个一个加了;如果是电脑记账的话,鼠标一点一拉,看状态栏就可以了,或者直接以公式引用(见图6-46)。

求和=268000 平均值
求和=2330000 平均值=1

图6-46 电脑记账的本期收入合计

合计:用出纳报告单中的上期结存加上本期收入。

本期支出:跟本期收入的计算方法一样,只不过看的是1月12日至1月17日的贷方合计。

本期结存:等于出纳报告单中的合计减去本期支出,而且要与1月17日最后一笔的余额相等(见图6-47)。

(2)根据日报的方法就是把这一周的日报汇集起来填写本期收入、本期支出。

上期结存:与1月12日的日报相等。

现金日记账

2015年		凭证		摘要	借方金额	贷方金额	借或贷	余额	
月	日	种类	号数		亿千百十万千百十元角分	亿千百十万千百十元角分		亿千百十万千百十元角分	√
1	17		44	……支付李雨运输费		5 0 0 0 0 0	借	1 3 9 1 1 8	

银行存款日记账

2015年		凭证		摘要	借方金额	贷方金额	借或贷	余额	
月	日	种类	号数		亿千百十万千百十元角分	亿千百十万千百十元角分		亿千百十万千百十元角分	√
1	17		50	……转工商银行一般户往来		5 0 0 0 0 0 0 0	借	4 2 7 7 0 3 2 0	

图 6-47 日记账的本期结存

本期结存：与 1 月 17 日的日报相等。

不管用哪种方法，最后的结果是一样的（见图 6-48）。

库存现金 银行存款	出 纳 报 告 单		编号 20150120	
日期自	2015年 01月12日	至 01月17日		
项目	库存现金(元)	银行存款(元)	备注	
上期结存	1 033.66	2 051 703.20		
本期收入	268 000.00	2 330 000.20		
合计	269 033.66	4 381 703.20		
本期支出	267 642.48	3 954 000.00		
本期结存	1 391.18	427 703.20		
财务主管	记账	出纳 白小白	复核	制单 白小白

图 6-48 出纳报告单

小白如是说

联想集团有个很有名的理念："不重过程重结果，不重苦劳重功劳"老板要的只是结果。而作为出纳的我们，只是想在保证结果相等的情况下，尽量减少自己的工作量。

实训演练 6-15　小白做月报

又到月末结账时，作为出纳，白小白在每个月的最后一天是最忙的。1月的最后一天更是，因为是周末，除了每天的日报，每星期的周报，还有每月的月报。但在会计面前，白小白可不敢说累了。

月报的编制同样也是根据日记账来的，所以白小白直接按照日记账来填就可以了。现在有了电子日记账，可直接以公式引用，避免手工录入的错误。

上期结存：就是结转至1月1日的余额，就是日记账的第一行"上年结转"的金额（见图6-49）。

现金日记账

2015年		凭证		摘 要	借方金额	贷方金额	借或贷	余 额	√
月	日	种类	号数		亿千百十万千百十元角分	亿千百十万千百十元角分		亿千百十万千百十元角分	
1	1			上年结转				7 3 4 5 8	

银行日记账

2015年		凭证		摘 要	借方金额	贷方金额	借或贷	余 额	√
月	日	种类	号数		亿千百十万千百十元角分	亿千百十万千百十元角分		亿千百十万千百十元角分	
1	1			上年结转				9 6 7 2 0 3 2 5	

图6-49　日记账的上期结存

本期收入：就是1月借方的合计数，就是日记账中"本月合计"的借方金额（见图6-50）。

现金日记账

2015年		凭证		摘 要	借方金额	贷方金额	借或贷	余 额	√
月	日	种类	号数		亿千百十万千百十元角分	亿千百十万千百十元角分		亿千百十万千百十元角分	
1	1			上年结转				7 3 4 5 8	
				......					
1	31			本月合计	1 0 7 2 0 0 4 7 1	1 0 7 1 5 3 4 9 2	借	1 2 0 4 3 7	

银行存款日记账

2015年		凭证		摘 要	借方金额	贷方金额	借或贷	余 额	√
月	日	种类	号数		亿千百十万千百十元角分	亿千百十万千百十元角分		亿千百十万千百十元角分	
1	1			上年结转				9 6 7 2 0 3 2 5	
				......					
1	31			本月合计	1 9 3 2 4 6 4 6 3 0	1 8 8 1 6 5 2 4 1 5	借	1 4 7 5 3 2 5 4 0	

图6-50　日记账的本期收入

合计：也就是出纳报告单中的上期结存加上本期收入。

本期支出：就是1月贷方的合计数（见图6-51）。

本期结存：用出纳报告单中的合计减去本期支出，而且与1月

现金日记账

2015年		凭证		摘要	借方金额 (亿千百十万千百十元角分)	贷方金额 (亿千百十万千百十元角分)	借或贷	余额 (亿千百十万千百十元角分)	√
月	日	种类	号数						
1	1			上年结转				7 3 4 5 8	
				……					
1	31			本月合计	1 0 7 2 0 0 4 7 1	1 0 7 1 5 3 4 9 2	借	1 2 0 4 3 7	

银行存款日记账

2015年		凭证		摘要	借方金额	贷方金额	借或贷	余额	√
月	日	种类	号数						
1	1			上年结转				9 6 7 2 0 3 2 5	
				……					
1	31			本月合计	1 9 3 2 4 6 4 6 3 0	1 8 8 1 6 5 2 4 1 5	借	1 4 7 5 3 2 5 4 0	

图 6-51 日记账的本期支出

末的现金余额相等（见图 6-52）。

现金日记账

2015年		凭证		摘要	借方金额	贷方金额	借或贷	余额	√
月	日	种类	号数						
1	1			上年结转				7 3 4 5 8	
				……					
1	31			本月合计	1 0 7 2 0 0 4 7 1	1 0 7 1 5 3 4 9 2	借	1 2 0 4 3 7	

银行存款日记账

2015年		凭证		摘要	借方金额	贷方金额	借或贷	余额	√
月	日	种类	号数						
1	1			上年结转				9 6 7 2 0 3 2 5	
				……					
1	31			本月合计	1 9 3 2 4 6 4 6 3 0	1 8 8 1 6 5 2 4 1 5	借	1 4 7 5 3 2 5 4 0	

图 6-52 日记账的本期结存

白小白做完了出纳报告单（见图 6-53），1 月也差不多告一段落了。2015 年 "DUANG" 的一声就过去了 1/12 了。

出 纳 报 告 单 编号 20150137

库存现金 银行存款

日期自 2015年 01月12日 至 01月31日

项目	库存现金（元）	银行存款（元）	备注
上期结存	734.58	967 203.25	
本期收入	1 072 004.71	19 324 646.30	
合　计	1 072 739.29	20 291 849.55	
本期支出	1 071 534.92	18 816 524.15	
本期结存	1 204.37	1 475 325.40	

财务主管　　　　记账　　　　出纳　白小白　　　　复核　　　　制单　白小白

图 6-53 出纳报告单